大家小书

佛教基本知识

周叔迦　著

北京出版集团公司
北京出版社

图书在版编目（CIP）数据

佛教基本知识 / 周叔迦著. — 北京 ：北京出版社，2017. 6

（大家小书）

ISBN 978-7-200-12927-4

Ⅰ. ①佛… Ⅱ. ①周… Ⅲ. ①佛教—基本知识 Ⅳ. ①B94

中国版本图书馆CIP数据核字（2017）第071373号

总策划：安　东　高立志　　责任编辑：张秋跃　邓雪梅

· 大家小书 ·

佛教基本知识

FOJIAO JIBEN ZHISHI

周叔迦　著

*

北京出版集团公司
北京出版社　出版

（北京北三环中路6号　邮政编码：100120）

网　址：www.bph.com.cn

北京出版集团公司总发行

新华书店经销

北京华联印刷有限公司印刷

*

880毫米×1230毫米　32开本　7.875印张　128千字

2017年6月第1版　2024年4月第4次印刷

ISBN 978-7-200-12927-4

定价：39.80元

如有印装质量问题，由本社负责调换

质量监督电话：010-58572393

序　言

袁行霈

“大家小书”，是一个很俏皮的名称。此所谓“大家”，包括两方面的含义：一、书的作者是大家；二、书是写给大家看的，是大家的读物。所谓“小书”者，只是就其篇幅而言，篇幅显得小一些罢了。若论学术性则不但不轻，有些倒是相当重。其实，篇幅大小也是相对的，一部书十万字，在今天的印刷条件下，似乎算小书，若在老子、孔子的时代，又何尝就小呢？

编辑这套丛书，有一个用意就是节省读者的时间，让读者在较短的时间内获得较多的知识。在信息爆炸的时代，人们要学的东西太多了。补习，遂成为经常的需要。如果不善于补习，东抓一把，西抓一把，今天补这，明天补那，效果未必很好。如果把读书当成吃补药，还会失去读书时应有的那份从容和快乐。这套丛书每本的篇幅都小，读者即使细细地阅读慢慢地体味，也花不了多少时间，可以充分享受读书的乐趣。如果把它们当成补药来吃也行，剂量小，吃起来方便，消化起来也容易。

我们还有一个用意，就是想做一点文化积累的工作。把那些经过时间考验的、读者认同的著作，搜集到一起印刷出版，使之不至于泯没。有些书曾经畅销一时，但现在已经不容易得到；有些书当时或许没有引起很多人注意，但时间证明它们价值不菲。这两类书都需要挖掘出来，让它们重现光芒。科技类的图书偏重实用，一过时就不会有太多读者了，除了研究科技史的人还要用到之外。人文科学则不然，有许多书是常读常新的。然而，这套丛书也不都是旧书的重版，我们也想请一些著名的学者新写一些学术性和普及性兼备的小书，以满足读者日益增长的需求。

“大家小书”的开本不大，读者可以揣进衣兜里，随时随地掏出来读上几页。在路边等人的时候，在排队买戏票的时候，在车上、在公园里，都可以读。这样的读者多了，会为社会增添一些文化的色彩和学习的气氛，岂不是一件好事吗？

“大家小书”出版在即，出版社同志命我撰序说明原委。既然这套丛书标示书之小，序言当然也应以短小为宜。该说的都说了，就此搁笔吧。

普及佛法的大名家——周叔迦先生

白化文

周叔迦先生（1899—1970），原名明夔，以字行。又字志和。笔名有云音、演济等，室名最上云音室。原籍安徽东至县，长期生活在北京与天津。1918 年在上海同济大学工科肄业，此后，在青岛起始研究佛学，遍读汉文经、律、论，旁及其他文种经书，并受菩萨戒为居士。1930 年后，在北京、天津一带地区以弘法为务，据我闻知，在解放前主要做了以下工作：

一是，在当时的北平图书馆（即今中国国家图书馆前身）义务劳动，全面查考将出版的《敦煌劫馀录》，考出其中有差误、未著录有原名称和“俟考”的共五十多种。对于此项工作，王重民先生在《敦煌遗书总目索引·后记》中曾给予极高的评价。周先生还曾为北平图书馆早期馆藏的西夏文等佛经残卷的书名（经名）辨识与著录做了许多，这些在当时都是开创性的业绩。

二是，大体上从 1930 年起，历任北京大学、清华大学、中国大学、辅仁大学、中法大学、民国大学等校教职，讲授“中国佛教史”“佛教文选”“因名学”“唯识学”“成实论”等课程。值得注意的是，周先生无论是在图书馆工作，还是在大学，授课均以“布施”为宗旨。既不接受专任聘书，也不要讲课费，纯粹义务劳动。这样,既对学生进行了“法施”又对学校做了“财施”，“布施”的两面都有了。当时的北京大学只对专任教授发“教授”“讲师”两种聘书（个别的新归国博士才发副教授聘书，极少），周先生既不接受专任邀请，又不要讲课费，格于成例，只可发“兼任讲师聘书”。但是，每年的“教职员名录”和“年鉴”中，周先生的履历、照片照登不误，以示借重，其他各校就没有这种规定，一概聘为教授，但也并非专任，这是周先生提出的特殊要求。一贯如此的，并非学校做梗，深恐后世的人不明此理，反以为周先生不够专任资格，特别是不够北大专任教授资格，故不嫌辞费，说明史实如上。

三是，在寺院中领导弘法工作。重点有二：一来组织并亲自编纂各种佛学书刊；二来培养僧材，并导致后来创办“中国佛教学院”，自任副院长。这也是倒赔家财的大大的“布施”。

抗战胜利后以至解放前这一阶段，周先生积极要求进步，参加中国民主同盟，并在自己领导的佛教学院内陈列进步书刊，如《论联合政府》《大众哲学》《晋察冀日报》《解放》《文萃》等，开放供群众阅览，一时观者云集。周先生还经常在各种书刊发表抨击反动政府的言论，伸张正义，极受各大学师生注意与欢迎。

解放后，周先生出任中国佛教协会副会长兼秘书长，组织成立中国佛学院并任副院长兼教务长，积极协助赵朴初先生，做了许多日常事务教务工作。特别是实际主持了《房山石经》的拓印（共拓七份）；印制成书的事，则在改革开放后由先生的哲嗣周绍良先生继续完成。党和人民也给予周先生极大的信任与荣誉。周先生曾担任第三届全国人民代表大会代表、中国尼泊尔友好协会副会长。1956年被印度摩诃菩提会推举为终身会员。

周先生研究佛学有自己的显著特色。兹举出其中的两点：

一点是，周先生研究佛典，以广泛地精研读透原典为主。几乎对读过的大部分经典都在读透后写有提要。这就使他的学习基础异常宽厚，并能融会贯通，能以通俗的语言文字向初学传达。

又一点是，周先生结合在大学和寺院中的教学实践，着意使初入门者既能清楚地理解佛典的内涵，又能了解寺院的实际。他深深地懂得，探究佛教而不深入寺院，就如雾里看花，终隔一层。因此，他把自己长期生活于寺院的观察与研究所得，尽可能地用浅显的文字写下来，供初学者学习，让群众知道寺院里有什么及其蕴含的真义。

综合以上两点，周先生在近代佛学大师中，堪称独一无二的“佛教科普大家”。他写的文章中，有一大部分是为初学指路的。笔者就是通过周先生这些著作的指引，并在寺院中不断观摩体会，才初步地步入佛教殿堂的。20 世纪 80 年代以来，随着旅游事业的大发展，介绍佛寺、佛像等等的图书如雨后春笋，拙作数种也掺杂其中。照我看，大体上都是从周先生大著脱化而成，也不过是周先生的徒子徒孙罢了。

目 录

寺院殿堂佛像释名

一　三门殿

两大金刚　因为寺院的大门，一般都是三门并立，中间一大门，两旁各一小门，所以称为三门殿。也有写作山门殿的。古来寺院有许多院落，其中房舍称堂或者寮，自宋崇宁二年（1103）以孔子庙为大成殿，于是佛寺建筑除称堂、寮之外，其主体部分也称某某殿。佛寺三门殿内，在门的两旁塑两大金刚像。此即手持金刚杵（印度古代最坚固的兵器）警卫佛的夜叉神，又名“执金刚”。传说佛常有五百执金刚随从侍卫。其主要者名“密迹金刚”。世俗根据《封神演义》小说中的戏言，称此像为哼哈二将，佛教经典中是没有这种名称的。

三门殿

哼

哈

二　天王殿

这是三门内的第一重殿。殿中间供弥勒菩萨。弥勒菩萨像后供韦驮天，面向北。东西两旁供四大天王像。

四大天王　东方天王名为“提多罗吒”，此云持国，能护持国土，领毗舍阇（此云颠狂鬼）、乾闼婆（此云香阴）神将，是帝释天的主乐神，所以此天王手中持琵琶以作标帜，护东方弗提婆（此云胜）洲人民。南方天王名“毗琉璃”（此云增长），

整修前戒台寺山门殿

东方持国天王

南方增长天王

能令他人善根增长，所以手中持剑，领鸠槃茶（此云瓮形鬼）、薜荔（此云饿鬼）神，护南阎浮提（此云胜金）洲人。西方天王名“毗留博叉”，此云广目，能以净眼观察护持人民，领诸龙及富单那（此云臭饿鬼），所以手中缠绕一龙，护西瞿耶尼（此云牛货）洲人。北方天王名“毗沙门”，此云多闻，有大福德，护持人民财富。右手持伞，表福德之义，护北郁单越（此云胜处）洲人（见《长阿含经》卷一二《大会经》）。世俗称为四大金刚，这也是《封神演义》中的戏言，金刚与天王是不可混淆的。

西方广目天王

北方多闻天王

弥勒菩萨　名“阿逸多”，是释迦牟尼弟子，南天竺人。后来由人间生在兜率天内院中教化菩萨。据佛经上说：释迦牟尼佛的教法流传一万年。其后世界道德逐步提高，不再须要佛教，佛教便自行消亡了。再过八百余万年后，弥勒菩萨由兜率天下生此世界成佛（见《增一阿含经》《弥勒上生经》《弥勒下生经》）。也有把布袋和尚塑像称作弥勒菩萨的。我国五代时期，在浙江奉化有位和尚名“契此”，常携布袋，教化群众，很得群众信仰。临终时说了一首偈语：“弥勒真弥勒，分身百千亿；时

明代铜质弥勒佛

韦驮天

时示时人，世人自不识。”因此，人们认为布袋和尚是弥勒菩萨的化身，就在寺院的天王殿正中塑了他的像。

韦驮天　传说唐道宣律师曾与天人会谈，说及南方天王部下有一位韦将军常周行东南西三洲（北洲无出家人），护助诸出家人（见《道宣律师天人感通传》)。宋代以后，便在寺中塑了韦天像，又和佛经中所说韦驮天相混，一般称为韦驮菩萨。

三　大雄宝殿

大雄宝殿即是正殿，或称大殿。大雄是称赞释迦牟尼佛威德高上的意思。

释迦牟尼佛

释迦牟尼佛　是佛教的教主，二千五百年前印度释迦族的一位王子出家成佛，创立了佛教，所以称为释迦牟尼佛。释迦牟尼佛像有各种不同的姿式。主要的有两种：一种是结跏趺坐，左手横置左足上，名为“定印”，表示禅定的意思；右手直伸下垂，名为“触地印”，表示释迦在成道以前的过去生中，为了众生牺牲自己的头目脑髓，这一切唯有大地能够证明，因为这些都是在大地上做的事。这种姿式的造像名为成道相。一种是结跏趺坐，左手横置左足上，右手向上屈指作环形，名为“说法印”，这是说法相，表示佛说法的姿式。另外有一种立像，左手下垂，

大雄宝殿

右手屈臂向上伸，这名为旃檀佛像，传说是佛在世时印度优填王用旃檀木按照佛的形容所作。下垂名“与愿印”，表能满众生愿；上伸名“施无畏印”，表能除众生苦。后来仿照此形象制作的也叫作旃檀佛像。

一般多在释迦牟尼佛像旁塑有两位比丘立像，一年老，一中年，这是佛的两位弟子。年老的名“迦叶尊者”，中年的名“阿难尊者”。佛涅槃以后迦叶尊者继领徒众，后世称为初祖。迦叶涅槃以后，阿难尊者继领徒众，后世称为二祖。

俗称释迦佛为如来佛，这是错误的，因为如来和佛同是一切佛的通称，并不能说明是某佛。比如称人为先生、阁下不能说明是某人一样。

三身佛　有的大殿中不是一尊佛像而是三尊，这是根据大乘教理表示释迦牟尼佛的三种不同的身。当中一尊是法身佛，名“毗卢遮那佛”，此云遍一切处，表示绝对真理就是佛身；左旁一尊是报身佛，名“卢舍那佛”，此云光明遍照，表示证得绝对真理而自受法乐的智慧是佛身；右旁一尊是应身佛，名“释迦牟尼佛”，此云能仁寂默，表示随缘教化各种不同的众生的佛身。

三世佛　又有的大殿中也是三尊佛，却是代表中、东、西三方不同世界中的佛。中间一尊是我们这个世界的释迦牟尼佛；

三世佛

左边是东方净琉璃世界的药师琉璃光佛，结跏趺坐，左手持钵，表示甘露，右手持药丸；右边是西方极乐世界的阿弥陀佛（阿弥陀译成中国语是无量寿），结跏趺坐，双手叠置足上，掌中有一莲台，表示接引众生的意思。

三世佛旁边有的各有二位菩萨立像或坐像，在释迦牟尼佛旁的是文殊菩萨、普贤菩萨；在药师佛旁的是日光菩萨、月光菩萨；在阿弥陀佛旁的是观世音菩萨、大势至菩萨。这六位菩萨是这三位佛的上首弟子（见《华严经》《药师本愿经》《观无量寿佛经》）。

三世佛又有以过去、未来、现在为三世的。正中是现在佛，就是释迦牟尼佛；东边是过去的迦叶佛；西边是未来的弥勒佛。

毗卢佛　有的大殿中只供一尊毗卢佛。毗卢佛是三身佛中的报身佛像。毗卢佛的莲座是千叶莲花。每一莲瓣上有一尊小佛，那是应身释迦佛。这是根据《梵网经》（卷下）所说："我今卢舍那，方坐莲花台，周匝千花上，复现千释迦，一花百亿国，一国一释迦，各坐菩提树，一时成佛道。"这一莲瓣代表一个三千大千世界，整个莲座代表华藏世界。

接引佛　净土宗的寺院中，可以在大殿中供阿弥陀佛或接引佛。接引佛，这是阿弥陀佛立像，作接引众生之像。右手垂下，作与愿印：左手当胸，掌中有金莲台。

五方佛　在有的寺院大殿里塑的是五尊佛。正中是法身佛，名毗卢遮那佛；左手第一位是南方宝生佛，表福德，第二位是东方阿闳佛，表觉性；右手第一位是西方阿弥陀佛，表智慧，第二位是北方不空成就佛，表事业。这五佛，根据密宗的理论是综合说明佛的意义。

十八罗汉　一般寺院的大殿两侧多奉有十八罗汉像。这是因为佛在涅槃以前，嘱咐了十六位大阿罗汉，让他们不要涅槃，常住世间为众生培福德。其名字是：一、宾度罗跋啰惰阇，二、迦诺迦伐蹉，三、迦诺迦跋厘惰阇，四、苏频陀，五、诺距罗，六、跋陀罗，七、迦理迦，八、伐阇罗弗多罗，九、戍博迦，

宾度罗跋啰惰阇

迦诺迦伐蹉

迦诺迦跋厘惰阇

苏频陀

诺距罗

跋陀罗

迦理迦

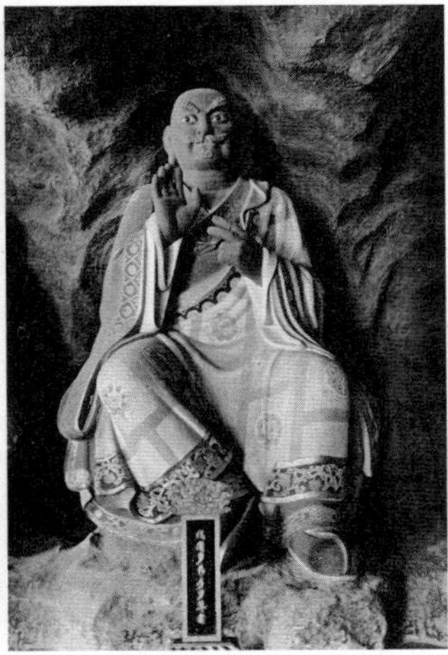

伐阇罗弗多罗

戍博迦

半托迦

啰怙罗

那迦犀那

因揭陀

伐那婆斯

阿氏多

注荼半托迦

降龙罗汉

伏虎罗汉

十、半托迦，十一、啰怙罗，十二、那迦犀那，十三、因揭陀，十四、伐那婆斯，十五、阿氏多，十六、注荼半托迦（见《法住记》和《十六罗汉因果识见颂》)。五代以后或加上《法住记》的作者（难提密多罗）和《因果识见颂》作者（摩拿罗多）二人，成为十八罗汉；或错将第一尊宾度罗跋啰惰阇分为二人，加难提密多罗（庆友）而作为十八罗汉的。

三大士　在正殿的佛像背后，往往有坐南向北的菩萨像。一般是观音像或者是文殊、普贤、观音三大士的像，文殊骑狮子，普贤骑六牙白象，观音骑犼。

海岛观音　一般是在大殿背后修海岛，面北而设观音像，立海岛上。四周依《法华经·普门品》作观音救八难的塑像。在观音像两旁有善财童子（出《华严经·入法界品》）和龙女（出《法华经·提婆达多品》）。

海岛观音

四　观音殿（又名大悲坛）

观世音菩萨　这是西方极乐世界的上首菩萨，表现一切佛的大悲心，所以是救世之最切者。因避唐太宗李世民的讳，后来简称观音菩萨，他的形象有多种不同。一是圣观音像，就是一首二臂，结跏趺坐，手中或持莲花或结定印的尊严像，天冠中有阿弥陀佛像。又有“自在观音像”，就是一足盘膝，一足下垂，很自在的形象。像旁或有一净瓶，盛满甘露，瓶中插了柳枝，象征观音以大悲甘露遍洒人间。观音像旁有一童男童女像，童女为龙女，因为《法华经·提婆品》中说有龙女成佛的故事，而观音又是住在南海普陀洛伽山的，因此有“龙女拜观音”的传说。童子即善财童子，因《华严经》中说善财童子为求佛法，参谒五十三位善知识，其中曾谒观世音菩萨而得到教益。

观音殿

十一面观音　一瞋面，化恶有情；二慈面，化善有情；三寂静面，化导出世净业。这三面教化三界便有九面。九面上有一暴笑面，是表示教化事业需要有极大威严和极大意乐方能无懈而成就。最上有一佛面，是表示以上一切总为成佛的方便。

千手千眼观音　俗称为千手佛，那是错误的。千手表护持众生，千眼表观照世间，都是大悲的表现。主要有四十二臂:(1)

千手千眼观音

手下伸、掌向上，名施无畏手，除一切众生怖畏；（2）持日手，救眼暗无光者；（3）持月手，救患热病令清凉；（4）宝手，为众官位者；（5）宝箭手，令善友早相遇；（6）净瓶手，为求生梵天者；（7）杨枝手，除种种病难；（8）白拂手，除一切恶障；（9）宝瓶手，为调和眷属；（10）盾牌手，辟一切恶兽；（11）钺斧手，除一切王难；（12）髑髅宝杖手，役使一切鬼神；（13）数珠手，能得一切佛接引；（14）宝剑手，降伏一切鬼神；（15）金刚杵手，摧伏一切怨敌；（16）铁钩手，能令龙王拥护；（17）锡杖手，慈悲覆护一切众生；（18）白莲花手，成就种种功德；（19）青莲花手，为生十方净土；（20）紫莲花手，能见十方诸佛；（21）红莲花手，能令生天；（22）宝镜手，成就大智慧；（23）宝印手，成就大辩才；（24）顶上化佛手（二手），为得诸佛摩顶受记；（25）合掌手（二手），令一切人及鬼神爱敬；（26）宝箧手，能得土中伏藏；（27）五色云手，令速成佛道；（28）宝戟手，能辟除怨贼；（29）宝螺手，号召天神；（30）如意宝珠手，能令富饶；（31）绢索手，令得安稳；（32）宝钵手，令身体安稳；（33）玉环手，令得仆役；（34）宝铎手，令得上妙音声；（35）五股杵手，能降伏天魔外道；（36）化佛手，生生不离佛；（37）化宫殿手，生生在佛宫殿中，不受胎生；（38）宝经手，令博学多闻；（39）金刚轮手，直至成佛终不退转；（40）蒲桃手，令稼谷丰收。以上是经中所说。一般再加麦穗手、羯磨轮手、宝矛手、宝锤手，成四十八臂。

四十八臂观音　就前边的千手观音像，略去千手便是四十八臂观音。一般千手观音是立像，而四十八臂观音是坐像。当然，千臂也好，四十八臂也好，都应当看作是观音菩萨慈悲救世的无穷悲愿的具体化，不必拘泥于事相。

五　地藏殿

地藏菩萨

地藏菩萨　这也是大乘经中所说的他方世界的菩萨，形象一般是结跏趺坐，右手持锡杖，表爱护众生，也表戒修精严；左手持如意宝珠，表满众生的愿。也有是立像的。又有在像两旁侍立一比丘、一长者像的。这是因为在唐代有一位新罗（现在朝鲜）王子，出家名金地藏，来到我国安徽九华山，受到当地闵长者的供养。闵长者的儿子从他出家，法名道明。后人便称他是地藏菩萨的化身，闵长者父子成为地藏的胁侍，而九华山就成为地藏菩萨的应化之地。

六　伽蓝殿

大殿的东边配殿一般是伽蓝殿。伽蓝是僧伽蓝摩的省称，义云众园。当释迦牟尼佛在世时，舍卫国有位长者名须达多，他能将财物布施贫困，人们称他为给孤独长者。传说他要请佛到舍卫国来说法教化，就同佛的弟子舍利弗选择地方供佛和弟

伽蓝殿

子们居住。经过再三考虑，选定了舍卫国太子祇多的花园。但是太子没有出卖园林的意图，便对给孤独长者说："你若能在我的园地上布满黄金，我便把花园卖给你。"给孤独长者当真这样做了。太子很受感动，便少要了他一部分黄金作为买回树木的价钱，二人共同请佛来住。这便是印度有名的祇树给孤独园。后来舍卫国王波斯匿王也归信佛教，为佛陀建立佛教的事业做出过很多贡献。所以后代寺院的伽蓝殿正中供的是波斯匿王，左方是祇多太子，右方是给孤独长者，以纪念他们护持佛教的功德。

七　祖师殿

大殿西侧为祖师殿，此种布局以禅宗寺院最常见。但是其他宗派的寺院也往往仿效其制。殿的正中是梁时来华的禅宗初祖达摩禅师，左方是达摩六传弟子、唐时的六祖慧能禅师，右方是慧能的三传弟子、建立丛林制度的百丈怀海禅师。其他宗派的寺院，也有在祖师殿内加祀本宗祖师像的。

八　罗汉堂

在佛经中常常提到五百罗汉随侍佛陀。佛灭度后，又有五百罗汉结集三藏的故事。但是五百罗汉的名称并无详细的记载，后人便从各经中录出名号，有佛在世时的，有佛灭度以后的，也有杜撰的，既无次序，且极杂乱，共凑成五百罗汉之数，见于明高道素录《乾明院五百罗汉名号碑》。也有加上十八罗汉成为五百十八尊的（详见本书“漫谈罗汉”章）。这都是宋代以后形成的风气。

罗汉堂

九　诸菩萨像

准提菩萨　又名七俱胝佛母，又称准提观音，为六观音之一。其像有二臂、四臂、六臂、八臂、十臂、十二臂、十八臂、三十二臂、八十四臂等不同，通常是十八臂。《七俱胝佛母所说准提陀罗尼经》说："应画准提佛母像，身黄白色。结跏趺坐，坐莲花上。身佩圆光。着轻縠，如十波罗蜜菩萨衣，上下皆作白色。"又云："其像面有三目，有十八臂，上二手作说法相。右第二手作施无畏，第三手执剑，第四手持念珠，第五手掌俱缘果，第六手持钺斧，第七手执钩，第八手执金刚杵，第九手执宝鬘；左第二手执如意宝幢，第三手持开敷红莲华，第四手军持，第五手绢索，第六手持轮，第七手商佉，第八手贤瓶，第九手掌般若梵夹。莲花下画水池。池中有难陀龙王、坞波难陀龙王托莲华座。上画二净居天子。"

八大菩萨　各经有六种不同的传说。（一）《般舟三昧经》所说："飏陀和菩萨（贤护）、罗怜那竭菩萨（宝生）、憍曰兜菩萨（星藏）、那罗达菩萨（仁授）、须深菩萨、摩诃须萨和菩萨（大善商王）、因坻达菩萨和伦调菩萨（水天）。"《八吉祥神咒经》中说此八人求道已来无央数劫，于今未取佛，愿使十方天下人民皆得佛道。若有急疾，呼此八人名字即得解脱。欲寿终时，此八人便飞往迎之。（二）《药师经》所说：文殊师利菩萨、观世音菩萨、得大势菩萨、无尽意菩萨、宝檀华菩萨、药王菩萨、药上菩萨、弥勒菩萨。经中说有人愿往生西方极乐世界而未坚定的，临命终时八大菩萨指示西方道路。（三）《七佛八菩萨经》所说：文殊师利菩萨、虚空藏菩萨、观世音菩萨、救脱飏菩萨、陀和菩萨（贤护）、大势至菩萨、得大势菩萨、坚勇菩萨。此八菩萨各说大陀罗尼，脱众生现在诸苦及三途苦。（四）《舍利弗陀罗尼经》所说：光明菩萨、慧光明菩萨、日光明菩萨、

大势至菩萨

文殊菩萨

教化菩萨、令一切意满菩萨、大自在菩萨、宿王菩萨、行意菩萨。此八菩萨住在欲天，护念受持趣入一切诸法陀罗尼者。（五）《般若理趣经》所说：金刚手菩萨、观自在菩萨、虚空藏菩萨、金刚拳菩萨、文殊师利菩萨、才发意转法轮菩萨、虚空库菩萨、摧一切魔菩萨。此八大菩萨摄菩提心、大悲心、方便三种，包括佛教一切真言门及一切显教大乘。（六）《八大菩萨曼荼罗经》所说：观世音菩萨、弥勒菩萨、虚空藏菩萨、普贤菩萨、金刚手菩萨、妙吉祥菩萨、除盖障菩萨、地藏菩萨。通常所造八大菩萨像多依此经。

观音菩萨

普贤菩萨

二十四诸天　出于《金光明经》。自从隋智者大师依据《金光明经·功德天品》制定《金光明三昧忏法》，为天台宗四种三昧法之一。后代依之又简略成《斋天科仪》，为寺院中祭天的仪轨，因而依据《金光明经·鬼神品》等所说选定了二十位天神；到了明代，又增入道家四神成了二十四位天神，设位奉供。诸天像一般都供在大雄殿东西两壁间，其次第如下：1. 功德天，2. 辩才天，3. 大梵天王，4. 帝释天，5. 东方持国天王，6. 南方增长天王，7. 西方广目天王，8. 北方多闻天王，9. 日天，10. 月天，11. 金刚密迹力士，12. 摩醯首罗天，

大觉寺二十诸天塑像

13. 散脂大将，14. 韦驮天，15. 坚牢地神，16. 菩提树神，17. 鬼子母，18. 摩利支天，19. 娑羯罗龙王，20. 阎魔罗王，21. 紧那罗王，22. 紫微大帝，23. 东岳大帝，24. 雷神。《国清百录》卷一云："佛座之左，置功德天座，右置四天王座。"宋遵式依《金光明最胜王经》撰《金光明忏法辅助仪》，知礼撰《金光明最胜忏仪》。元文宗时释慧光每岁元旦修此忏仪。今南方寺院尚有举行"供天"仪式的。

十八伽蓝神　根据《七佛八菩萨大陀罗尼神咒经》卷四所说："护僧伽蓝神有十八人：一名美音、二名梵音、三名天鼓、四名巧妙、五名叹美、六名广妙、七名雷音、八名师子音、九名妙美、十名梵响、十一名人音、十二名佛奴、十三名叹德、十四名广目、十五名妙眼、十六名彻听、十七名彻视、十八名遍视。"

摩诃迦罗　此云大黑天。唐义净《南海寄归传》卷一《受斋轨则》中说："又复西方诸大寺处，咸于食厨柱侧或在大库门前，雕木表形，或二尺三尺为神王状。坐抱金囊，却踞小床，一脚垂地，每将油拭，黑色为形，号曰莫诃哥罗，即大黑神也。古代相承云：是大天之部属，性爱三宝，护持五众使无损耗，求者称情。但至食时，厨家每荐香火，所有饮食随列于前。"又云："淮北虽复先无，江南多有置处，求有效验，神道非虚。"其像身黑色，极忿怒形，火发上竖，三面六臂。正面具三目，左右二面各二目，右前手持宝剑横膝上，以左前手执剑端，右下手握长跪合掌人头发，左下手持白羊角。左右上手共张一象皮于肩背后，贯穿髑髅以为璎珞，以蛇为臂钏，坐圆座。我国藏语系佛教寺院多奉此像。

十　几种造像的方法

由于造像所用的材料不同，方法约可分为九种：

第一金像鍱，这是用薄铜板槌打成的。自西晋时即采用此种造像法。晋沙门竺道一于太和年中（366—370），在嘉祥寺造金鍱千佛像。《出三藏记集》所载《法苑杂缘原始集目录》中有“定林（法）

戒台寺释迦牟尼佛

献正于龟兹造金镤槌像记”。

第二铸像，这是用铜或铁铸成的。六朝时期有极精美的小型鎏金铜铸像，在背光后或像座上刻有铭文，甚可宝贵。

第三雕像，是用石或木或玉雕成的。魏齐以至隋唐都有不少的石雕造像流传下来，其形式有一尊一石或多尊共一石的，有带龛形的，佛座上刻有铭文。大型的石雕龛像叫作“造像碑”，一面以至四面都雕刻佛菩萨像。有的在下方刻有供养人像或者题名。

南宋布袋弥勒佛

第四夹纻像，又叫作脱沙像。是先用泥捏塑成形，加上木架，蒙上纻麻布，然后施漆。等漆干燥凝固后，再除去内中的泥土。晋法显《佛国记》中说，于阗有夹纻佛像。

第五塑像，是用泥塑成的。现在甘肃敦煌石窟和炳灵寺石窟保存着不少六朝至唐宋的精美塑像。宋元明的塑像，各有风格不同。

第六瓷像，是用瓷造的。有素瓷和彩瓷的不同。唐代三彩瓷像最为名贵。

第七绣像，是用丝线在锦缎上绣成的。

第八织成像，也叫作缂丝像，是用丝和金线织成的。

第九泥像或陶像，这是用模型压泥而成的小型佛像。泥像

鸠摩罗什（344—413），著名的佛经翻译家

在唐代有一种特殊类型，叫作“善业泥像”。它是僧人逝世火葬后，用骨灰和泥压制出来的佛像，在像背后有铭文题“大唐善业”等字样。西藏喇嘛习惯用铜模压泥造成各种佛像以为功德，藏语名为“刹刹”。清代帝后每逢寿日造万佛像施献各寺，大都是这种像。

佛教的制度

一　四众弟子

佛教徒有四众之分，就是出家男女二众，在家男女二众。出家男众名为“比丘”；出家女众名为“比丘尼”。比丘是梵语（印度古典语），义即乞食，言其乞食以自生活；又有怖魔、破恶、净命等义。尼是梵语中女声。俗称比丘为“僧人”。僧是梵语“僧伽”之略，义为众，凡三比丘以上和合共处称为众（旧译作四比丘以上）。出家制度并不是佛教特有的，印度古代各教派都有出家的规定。其出家者统称为“沙门”（旧称“桑门”），义为止息一切恶行。印度其他教派既未传入中国，于是沙门也就成为出家佛教徒的专用名称了。世俗也称比丘为“和尚”。和尚是印度的俗语，若用梵文典语则是“邬波驮耶”，义为亲教师，与习俗所称师傅相同。世俗又称比丘中的知识分子为“法师”，意谓讲说经法的师傅。其中比丘、沙门二词多用于文字；僧人、和尚多用于口语。至于彼此称呼，对一般僧人则称某某师，对上层人士称某某法师，对寺院住持称某某和尚。蒙藏地区称僧人为喇嘛，相当于汉族地区所称和尚，也是师傅的意思。俗称比丘尼为“尼姑”。尼是比丘尼之略，姑是汉语。世俗也称比丘为“大僧”,而称比丘尼为“二僧”;或称比丘为“首堂”，而称比丘尼为“二堂”。这些称呼都不见于经论，只是流行于民间而已。

在家男众称为“优婆塞”；在家女众称为“优婆夷”。优婆塞是梵语，义为清信士，又作近事男，言其亲近奉事三宝。优婆夷义为清信女或近事女。俗称在家佛教徒为“居士”，这是梵语“迦罗越”的义译,原指多财富乐的人士,就是居积财货之士,转而为居家修道之士的称呼。

佛教信徒愿求出离家庭、独身修道是要经过一定手续的。佛教从印度传到中国，中国从汉唐到现在，由于地理和时代的不同，出家的程序，各有所不同。按照佛教戒律规定，佛教信徒要求出家，可以到寺院中向一位比丘请求作为自己的“依止师”。这位比丘要向全寺僧侣说明情由，征求全体意见，取得一致同意后，方可收留此人为弟子，为之剃除须发，并为之授沙弥戒（沙弥戒有十条），此人便成为“沙弥”。沙弥是梵语，义为勤策男，言其当勤受比丘的策励；又有息慈之义，谓当息恶行慈。沙弥最小的年龄是七岁。依止师对弟子负有教育和赡养的责任。俟其年满二十岁时，经过僧侣的同意，召集十位大德长老，共同为之授比丘戒（比丘戒有二百五十条），此人便成为比丘。受比丘戒满五年后，方可以离开依止师，自己单独修道，游行各地，居住各寺院中。在印度没有度牒、僧籍或寺籍制度。沙弥戒和比丘戒都是个别人单独受，不得集体同受。比丘戒最多许三人同时受。至于女子出家同样要先依止一位比丘尼，受沙弥尼戒（沙弥尼戒也是十条）。至年满十八岁时，受式叉摩那戒（式叉摩那戒有六戒），成为“式叉摩那尼”，义为学法女。经两年后，至年满二十岁，先从比丘尼、后从比丘受比丘尼戒

碧云寺大雄宝殿释迦牟尼佛像、文殊普贤菩萨及佛的弟子

（比丘尼戒有三百四十条）。这叫作二部受戒，成为比丘尼。当大乘佛教在印度盛行以后，修大乘法的比丘可以根据自愿，从师受菩萨戒，但不是必须受的。

佛法传入中国汉族地区以后，唐宋时代，出家者先要到寺院中作“行者”，服各项劳役，垂发而不剃发，可以从师受沙弥戒。等政府规定度僧的时日来到，经过政府的甄别，或经过考试及格，得到许可，给予度牒，并指定僧籍隶属于某寺院，然后方取得僧人的资格，可以剃度为僧。此后再等机会前往政府许可传戒的寺院中受比丘戒，受戒师也由政府指定。凡是不经政府许可、未得度牒而私自剃发的僧尼，没有寺籍，名为私度，要受到惩罚。到了宋初，年满二十方得受比丘戒的规定被忽视了。常有七八岁的人便受比丘戒。至于菩萨戒仍是随比丘的自愿，可以随时从师受，或者不受。

这种程序到了元代完全废弛了。明末开始规定“三坛同受”的制度。出家的人先到寺院中请求一位比丘为“剃度师”，为己剃发而不受任何戒。剃度师的僧籍属于何寺院，自己的僧籍也同属于这个寺院，为寺院的下一代。一般僧籍只属于子孙寺院（俗称小庙），而从林寺院是不开僧籍的。遇到某一丛林寺院公开传戒时（小庙是不许可传戒的），前往该寺，在若干时日中先后受沙弥戒、比丘戒、菩萨戒，同时领取政府的度牒，而僧

三世佛塑像

籍却不由政府指定了。到乾隆时废止了度牒，便只由传戒的寺院发给戒牒而已。

现在蒙藏地区出家的程序，一般还是实行接近佛陀时代的比较原始的办法，也没有度牒和僧籍问题。

在家人信仰佛教，愿意成为正式的在家佛教徒——优婆塞、优婆夷也要经过一定手续。在家佛教徒的基本条件是受持三归，就是归依佛、归依法、归依僧。归依是投靠的意思，言其以自己的身心性命投靠于佛法僧，依佛法僧的教导行持。这里所谓

戒台寺

归依佛，不是归依佛的生身，而是归依佛的道德品质；所谓归依法，就是归依趣向涅槃的方法；所谓归依僧，应是归依佛所教导的大菩萨、大阿罗汉等。受持三归，要经过一定的仪式，即请一位法师依照《三归仪轨》为自己说明三归的意义，自己表示从此以后，尽自己的一生归依三宝。如是便成为优婆塞、优婆夷。与受三归同时，或若干时以后，可以进而从师受五戒，其仪式也是请一位法师依照授五戒仪轨为己教导，自己表示一一遵守，便成为五戒优婆塞、优婆夷。随着自己修学的进步，到一定程度，可以进而从师受菩萨戒，也是要请一位法师依照授菩萨戒仪轨为己教导，自己表示一一遵守，便成为菩萨戒优婆塞、优婆夷。受持三归主要是归依佛法僧，请师只是为了证明。如果认为请某法师为自己说明归戒，便是归依某法师了，那就有失归依三宝的真实意义。

出家佛教徒和在家佛教徒在外表上，除了比丘要剃除须发外，在衣服上也有所分别。比丘应蓄的衣服，根据佛教原始的规定，只有三衣，总名为“袈裟”。其中一件是“五衣”，是由五条布缝缀成的衬衣；一件是“七衣”，是由七条布缝缀成的

戒坛

上衣（平时穿着的）；一件是“祖衣”，是由九条以至二十五条布缝缀成的大衣（遇有礼仪或出外时穿着的）。每一条布又要一长一短（五衣）、二长一短（七衣）或三长一短（大衣）的布块所合成。这种式样叫作“田相”，言其如同田地畦陇的形状，表示僧众可为众生的福田。但在中国寒冷地带，只穿三衣是不够的，如是在袈裟以下穿着圆领方袍的俗服。其后时代变迁，俗人的衣服改变了式样，而僧人始终保持原样，如是圆领方袍便成为僧服的特型了。在家佛教徒在平时只穿着俗服，在拜佛时可以穿着五条布缝缀成的“缦衣”，言其通缦无有田相。所以缦衣的每条不许用一长一短合成。沙弥和沙弥尼也只许穿着缦衣而不许穿着割截成的袈裟。

佛教徒中比丘、比丘尼是独身修道的，必须清心寡欲，不是一件容易的事。因此佛教制定受比丘戒之前要有许多质问，凡是不合条件的人，是不允许受比丘戒的。例如：父母未曾允许，身有负债，身有痼疾或精神病，现任官吏及曾为比丘而违犯四根本戒，等等，凡有十三难、十六遮。至于受比丘戒以后，又厌倦出家的清苦生活，愿意还俗，却是极其容易的，只要对任何一人声明，自己愿意舍戒，便可以放弃比丘身份，改变独身的生活。如若不舍戒，不放弃比丘身份，却私自违反戒条，这叫作“破戒”，是不允许的。其他比丘可以检举，经过僧侣集会评判，要受到一定的惩罚。受五戒的在家居士也可以根据自愿，随时对任何一人声明，放弃优婆塞、优婆夷身份。唯有菩萨戒是只有受戒，或者破戒，而没有舍戒之说。

二　寺院制度

中国习惯，一般祭祀神灵的场所统称为庙。佛教的庙宇，统称为寺院；道教的庙宇，统称为宫观。古代官署叫作“寺”，如太常寺、鸿胪寺之类。佛教传入中国汉地，是由汉明帝派遣使臣前往西域，请来摄摩腾等到洛阳而开始的。摄摩腾初到时，被招待在鸿胪寺。因为鸿胪寺是掌握宾客朝会礼仪的，其后政府为摄摩腾创立了馆舍，也就叫作白马寺。后世佛教的庙宇因此也称寺。一寺之中可以有若干院，其后建筑规模较小的寺便叫作“院”。比丘尼住的寺院多称作“庵”。

印度的寺院，原有两种：一种叫作“僧伽蓝摩”。僧伽，义为众；蓝摩，义为园，意谓大众共住的园林。僧伽蓝摩，略称为“伽蓝”，一般都是国王或大富长者所施舍，以供各处僧侣居住的。一种叫作“阿兰若”，义为空闲处，就是在村外空隙的地方，或独自一人，或二、三人共造小房以为居住、清静修道之所。或不造房屋，只止息在大树之下，也可以叫作阿兰若处。阿兰若，简称为“兰若”。佛陀时代的比丘除了三衣钵具之外，不许有别的财产。因此僧伽蓝是从任何地方来的比丘都可居住的场所，所以称为十方僧物。比丘自建的阿兰若，假如本人远游之后，就等于弃舍，任何比丘都可以迁入居住。僧伽蓝摩又名“贫陀婆那”，义是丛林。《大智度论》卷三说：“多比丘一处和合，是名僧伽。譬如大树丛聚，是名为林。……僧聚处得名丛林。”

僧侣居住在伽蓝之中，是依受戒先后为长幼次序的。从受戒时起到七月十五日（农历）为一腊。遇事集会的坐位须按戒腊多少排列先后。戒腊最长的称为“上座”。伽蓝中一切事务要由全体僧众集会来共同决定。凡事必须取得一致意见，方可办理。其日常事务也由全体僧众推定“知事僧”，负责办理。此管理僧众杂事的职务，梵名叫“羯磨陀那”。羯磨，义为“事务”；陀那，义为“授与”，义译为“悦众”（见《四分律行事钞》卷一）。

中国汉地的寺院，自古也有寺院和兰若之分。唐宋以来，创建寺院要向政府申请，得到许可，方准兴建。寺院的名称也由政府颁发。《旧唐书·职官志》说：“凡天下寺有定数，每寺立三纲，以行业高者充之。”注云：“每寺上座一人，寺主一人，都维那一人。”唐武宗灭佛法时，并省天下佛寺四千六百，兰若四万。其乡村群众公共所立奉佛之所，叫作“佛堂”。开元十五年（727）曾敕令拆除天下村坊佛堂小者，功德（佛像等）

移入近寺（见《佛祖统纪》卷四十）。但是当时的寺院、兰若、佛堂的制度如何，现在已难以详考了。至唐百丈禅师创立禅宗寺院的清规（维持寺院清净的规约），设置十务，分司各事（见《景德传灯录》卷六）。但是百丈所定的清规久已失传，详细情况不得而知。当时佛教各宗已先后成立。为住持者，身居一寺之主，各以其所秉承的宗派义理，传授学人；其时寺院似无严格的宗派继承问题。到了唐末以后，由于禅宗衣法相传的习惯，于是寺院的住持有了世代的标称，如南宋初正觉为天童寺的第十六世住持。然而那时寺院的修行法则还是随着先后住持所秉承的宗派不同而时有变更的。住持所秉承的宗派与寺院的世代并不发生连带关系。到了元时分天下寺院为禅、教、律，各守其业，不得变易。于是法派与寺院成了固定的关系，逐渐形成明清以至近代所通行的寺院制度。

近代的寺院大致分为两类：一类叫作“丛林”或“十方”；一类叫作“小庙”或“子孙”。每个寺院都必定属于一定的宗派，世代相承，很少任意更改的。然而其寺院对于本宗派的教义和修行法则多不讲习，渐成有宗派之名，并无宗派之实。其十方寺院住持的继承，多是师徒关系，经过传法手续而确定。由前任住持以“法卷”写明历代传承，授与弟子，成为法徒。一代住持可以有几个或更多的法徒，继承住持时在法徒中选任。十方寺院可以开堂传戒。子孙寺院住持的继承，也就是师徒关系，是由于住持为弟子剃度，成为剃度徒。一住持可以有众多剃度徒。到继承住持时在剃度徒中选任。子孙寺院是不许开堂传戒的。凡寺院在其法派相承中有相接近的，称为“本家”。寺院中如有重大事务或争执，可以邀请本家的住持共同讨论或调解。子孙寺院经本寺子孙的同意，可以改为十方；十方寺院则不许改为子孙寺院。一般而论，寺院是不许买卖的，但是子孙寺院经双方同意，可以表面是让而实际是有代价的。

清规

寺院的组织，在唐代是由三纲（上座、寺主、维那）共同负责全寺事务的。三纲的人选由政府任命。到了宋代，寺主由当地州官和群众备文邀请。宋人文集中常有请某某法师住持某寺的疏文。至于上座、维那等职便由寺主委任了。寺主改称为住持，是由百丈禅师创立清规时定名的，意谓安住而维持佛法。世俗又称住持为“方丈”，意谓所住的地方狭隘，只有方丈之地。王简栖《头陀寺碑》中说：“宋大明五年始立方丈茅茨。”又相传唐高宗时王玄策奉使到印度，过维摩居士故宅基，用笏量之，只有十笏，所以号为方丈之室（见《法苑珠林·感通篇》），从此相沿称住持为方丈。住持位居僧堂之首，故又称为堂头大和尚。子孙寺院的住持，除本人愿意让位外，一般都是终身任职。丛林寺院的住持，一般是六年一任，但可以连任，也有实行终身制的。住持退位以后称为“退居和尚”。

百丈清规所立十务，是管理全寺劳作事务的。相传百丈清规曾推行到全国的禅宗寺院，但是百丈清规到宋初已失传，当时称为“古清规”。现在只有宋杨亿撰《古清规序》一篇（见元德辉编《敕修百丈清规》卷八）。宋元时各寺都有自己的清规，内容不尽相同。宋圆悟克勤的后嗣无量宗寿禅师有《日用小清规》；元中峰明本禅师有《幻住庵清规》。宋崇宁二年（1103）宗赜编《禅苑清规》十卷，他在《序》中曾经说：“丛林蔓衍，转见不湛。加之法令滋彰，事更多矣。”咸淳十年（1274），惟勉编《丛林校定清规总要》二卷，《序》中也说：“朋辈抄录丛林日用清规，互有亏阙。”元至大四年（1311），一咸又编《禅林备用清规》，序中说到各家清规“或以僧受戒首之，或以住持入院首之”。但是一咸却以“祝圣”（祝皇帝寿）、“如来降诞”二仪冠其前，并且说其书只是备而不用。由此可见宋元时各寺清规甚为繁杂，各各不同。但都不叫作百丈清规。到了元至元四年（1338），德辉根据一咸所编，参考诸家，撰成《敕撰百丈清规》，始用百丈标名，实质是与百丈原制迥不相同。明洪武十五年（1382）、永乐二十二年（1424），先后敕旨推行清规。英宗正统七年（1442），又敕令重刊施行。可见清规的发展，由百丈创始，逐渐演变成为敕撰，以政府的命令加以推行，封建势力逐步控制寺院，使佛教为封建主义服务；寺院的组织也丧失了佛教原来的平等的精神，涂上了封建主义的色彩。

寺院组织，除住持外，设有四大班首，八大执事等。四大班首是指导禅堂或念佛堂修行的；八大执事是专管全寺各项事务的。四大班首即首座、西堂、后堂、堂主，首座由住持聘请年高德劭的尊宿担任，为全堂修行的模范，掌禅堂中号令之权。东为主位，西为宾位。本寺住持为主人，相当于东堂首座；其辅助住持教导修行的，待以宾礼，称西堂首座，简称西堂。禅堂中原分为前堂后堂，总负其责的称首座，或前堂首座；于是分任后堂责任的称后堂首座，或简称后堂。堂主是在首座之下负责禅堂或念佛堂中事务的。在禅堂中的座位，门东是维那之位；

寺院布局图

门西顺序为住持、首座、西堂、后堂、堂主的座位。也有在禅堂后方中间设一木龛，叫作“维摩龛”，专供方丈入堂坐禅时使用。

八大执事是监院（库房负责人）、知客（客堂负责人）、僧值（又叫纠察）、维那（禅堂负责人）、典座（厨房、斋堂负责人)、寮元(云水堂负责人)、衣钵(方丈室负责人)、书记。监院综理全寺事务，掌管全寺经济。知客掌管全寺僧俗接待事宜。僧值管理僧众威仪。维那掌管宗教仪式的法则。典座管理大众饭食斋粥。寮元管理一般云游来去的僧侣。衣钵辅助住持照应庶务，调和人事。书记职掌书翰文疏。八大执事都是每年一任，由住持任命之。

藏蒙喇嘛寺院的组织:第一叫“智果”,又叫“古学”,即是“呼图克图”。第二是“赤巴”，即戒行高深，经典娴熟的住持，是寺中最高领导人，三、五年一任；较小寺院叫“堪布”。其下有掌经喇嘛,叫作“翁则”,负诵经课程及解释疑义之责。铁棒喇嘛，叫作“格果”，负督察喇嘛勤惰，有惩罚喇嘛及维持佛法之责。法神喇嘛，名叫“接巴”，负决疑卜筮之责。“根察”负统筹全寺事务，监察全寺出纳。管家喇嘛，叫作“根巴”，掌管寺内财产及收支事宜。充本喇嘛，叫作“涅巴”，负经管贸易之责。

1949 年以后，汉地及蒙藏地区的寺院先后经过民主改革，废除了封建制度，通过民主协商，建立以住持为首的管理委员会，实行民主管理，分工协力，共同负责全寺事务，在寺院管理体制方面恢复了佛教的平等精神。

子孙寺院只由本寺僧侣居住，不接待外来僧众。僧众在外云游参学时可以到十方丛林居住,叫作“挂单”或“挂褡”。“单”

是指僧人的行李，挂单便是将行李安放起来，暂不他往的意思。僧人住进寺院，首先住在云水堂，言其如行云流水，过而不留。在云水堂住相当时期以后，经本人要求和住持同意，可以进禅堂或念佛堂，成为寺中的基本僧众。住云水堂可以随时他往；住禅堂或念佛堂后，如要离寺他往，只能在每年正月十五日或七月十五日提出申请告别。禅堂或念佛堂的僧众名额有一定的限额。

三　管理制度

所谓管理制度即历代封建王朝统治僧侣、控制佛教的制度，现在虽已完全废除，但为了认清封建统治的真实面目，故有了解之必要。

自佛法传入中国以后，汉晋之时，出家人不多，政府也还未加以管理。到了石赵、苻秦、姚秦，由于佛图澄、鸠摩罗什先后提倡，一般民众因为不堪异族的残酷统治而争相出家，一时僧侣大增。封建统治者不得不建立管理防范的制度。于是姚兴便借口僧众不能完全遵守清净戒律，开始设立僧官，以僧䂮为僧主，僧迁为悦众，法钦、慧斌掌管僧录。僧录就是僧众的名册。在姚兴设立僧官的前数年，北魏太祖也在平城（今山西大同）以沙门法果为“道人统”，绾摄僧徒。到了北魏文成帝和平初（460—465）改名“沙门统”。北魏孝文帝太和十七年（493）制定《僧制》四十七条，又别设僧曹（曹是官署的意思），名叫“监福曹”。太和二十一年（497）又改名“昭玄曹”，主持僧务的叫“昭玄统”。统下设有都维那；其下有俗吏，如功曹、主簿等员，助理事务。各州镇都有沙门曹，官职有维那、上座、寺主等。其后北齐、北周沿用魏制。

北朝僧侣众多，异族统治者要加强控制，所以在中央和地方普遍设有僧官。南朝僧侣较少，多半集中在大都市，所以先只在僧侣集中的都市设立僧官，其后才设立全国性的僧官。南朝僧官的设立，见于记载的首先是晋末有蜀郡僧正，确切的记载是始于刘宋大明年中（457—464）。到了明帝泰始元年（465）才以僧瑾为天下僧正。泰始二年（466）曾一度设有都邑尼僧正和尼都维那，但是不久又废除了。其时僧正一职渐趋浮华。《佛祖统纪》卷三十七说：“梁魏以来僧统盛饰仪仗，直拟于官府。”

隋统一中国，最初是继承北周的制度，设有“国统”、“国都”（都是都维那的简称）。至大业三年（607），炀帝更定官制，改佛寺名“道场”。道场（佛寺）及道观各置监丞（见《隋书·百官志》），其任职者当是俗官。唐初沿袭隋制，诸寺观监隶鸿胪寺，每寺观有监一人。贞观中废寺监。高宗上元二年（675），又置漆园监，不久又废止。武后延载元年（694），改以僧尼隶祠部。德宗贞元间（785—804），又置左右街大功德使和东都功德使、修功德使，总管僧尼之籍和功役。两街功德使下置僧录。功德使是俗官，僧录是僧官。武宗会昌二年（842），以僧尼隶主客，至六年（846）又改隶功德使。

宋代沿袭唐代制度，废统立录（《大宋僧史略·僧统》），以左右街僧录司掌管寺院僧尼帐籍及僧官补授之事（《宋史·职官志》）。太平兴国六年（981），又立右街副僧录，知右街教门之事。

元代以异族统治汉地，利用佛教以维持其统治。政事中以佛事为首。设宣政院，秩从一品，掌管释教僧徒及吐蕃（西藏）之境而隶治。江浙地方（原南宋区域）特设释教总管。大德六年（1302）诏僧官僧人犯罪由御史台与内外宣政院共鞠问。文宗至顺二年（1331），立广教总管府十六所，掌僧尼之政。十六所是京畿山后道、河东山右道、山东山左道、河南荆北道、两淮江北道、湖北胡南道、浙西山东道、浙东福建道、江西

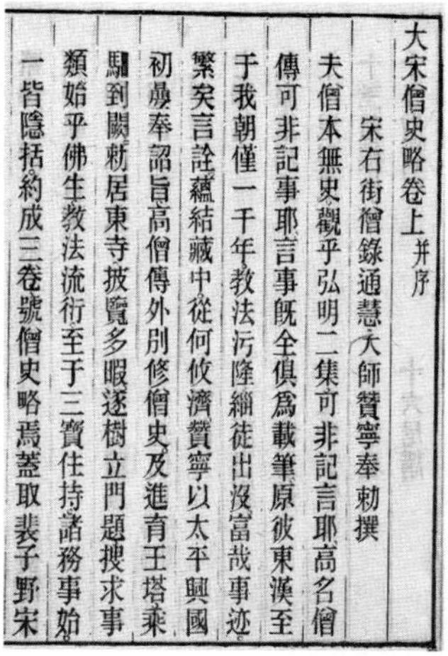
大宋僧史略卷上并序
宋右街僧錄通慧大師贊寧奉勑撰
夫僧本無史。覶乎弘明二集可非記言耶高名僧
傳可非記事耶言事既全俱爲載筆原彼東漢至
于我朝僅一千年教法汚隆緇徒出沒富哉事迹
繁矣言詮蘊結藏中從何攸濟贊寧以太平興國
初𣪍奉詔旨高僧傳外別修僧史及進育王塔乘
馹到闕勑居東寺披覽多暇遂樹立門題捜求事
類始乎佛生教法流衍至于三寶住持諸務事始
一皆隱括約成三卷號僧史略焉蓋取裴子野宋

《大宋僧史略》

广东道、广西南海道、燕南诸路、山东诸路、陕西诸路、甘肃诸路、四川诸路、云南诸路，不久又废止。

明代设僧录司、道录司，掌管天下僧道。府州县各设僧纲、僧正、僧会等。僧录司置正六品左善世、右善世，掌印信；从六品左阐教、右阐教，督修坐禅；正八品左讲经、右讲经，接纳各方施主，发明经教；从八品左觉义、右觉义，约束诸寺僧行，惩戒不守清规者。各府僧纲司设都纲、副都纲各一员。各州僧正司设僧正一员。各县僧会司设僧会一员（《明史·职官志》）。这些官都是僧官。清代沿袭明代制度。清亡以后，这些官职便都废除了。管理寺院之事改由内务部掌管了。

僧正、僧统或僧录的主要责任是掌管僧籍。僧籍就是登记僧人名字及出家得度、所隶寺院的簿籍。最初籍录沙门始于东晋。《弘明集》卷十二记载支道林与桓玄论州府求沙门籍事。当时沙门曾反对此事。至于北朝自姚秦设立僧官，便已立僧籍了。《魏书·释老志》说，延兴二年（472）四月诏："无籍之僧，精加隐括，有者送付州镇。"又说："（太和）十年（486）冬，有司奏：前被敕以勒籍之初，愚民侥幸，假称入道，以避输课。其无籍僧尼，罢遣还俗。"僧籍原是政府管理民众出家的一种措施。无籍僧尼便是未经政府登记而私自出家的，那是违犯法令的。

到了唐代，僧籍三年一造。崇玄署令一人，正八品下；丞一人，正九品下，是掌管僧尼和道士女冠帐籍的。凡新罗和日本僧人入唐学问九年不还，便编入籍。每三年各州县要造籍一次：一本留县，一本留州，一本上祠部；道士女冠一本上宗正，一本上司封(《新唐书·百官志》)。据《佛祖统纪》卷四十七的记载，唐玄宗开元十七年（729）制定天下僧尼三年一造籍。文宗太和四年（830），祠部请允天下僧尼非正度者，许具名中省给牒。五年（831），又敕天下州郡造僧尼籍。自宋以后，直到清代乾隆年间，僧籍概由僧录掌管。乾隆废止度牒以后，政府不再掌握僧籍，也就无从考核其数目了。

政府既然掌管僧尼的簿籍，就必然要发给已登记的僧尼一张凭证，以资查考，这便是“度牒”。度牒制度始于何时，现在很难确定其年代，至少在北魏时，僧人赴各地旅行，须要各地政府的证明文件。《魏书·释老志》记延兴二年(472)诏书说：“若为三宝巡民教化者，在外赍州镇维那文移，在台者赍都维那等印牒，然后听行。”所谓文移、印牒，都是临时的旅行证明文件。唐神龙二年（706），规定天下的行者和童子须要考试经义，无有疑滞，方得度之为僧。当时主要是考《法华经》。但是有权势的人纳贿卖度，用钱三万，便度为僧尼（《资治通鉴》卷二〇九）。唐肃宗至德元年（756）为了筹集军费，用宰相裴冕的计划，由政府指定大德传比丘戒，凡纳钱一百缗者与度牒剃度。这是政府度牒收费之始。可见在此以前已经有度牒制度。《大宋僧史略·祠部牒》说:“唐祠部牒皆绫素、锦素、钿轴,盖纶诰也,非官何谓。”这说明唐代对于度牒是很重视的，等同于官吏的任命状。肃宗乾元元年（758),又规定考试制度，凡白衣能诵经五纸者度为僧，或纳钱百缗请牒剃度（《释氏通鉴》卷九）。德宗建中三年（782)，敕令天下僧尼身死及返俗的，其度牒应由三纲即日陈送本县。由县按月申送至州，汇总申报中央,与符诰一同注毁。在京城的就直接送交祠部（《大宋僧史略》)。

宋代度僧是有限制的，按比例度僧，有一百僧人的地方每年可以度一人出家。然而人民为饥饿所困，不得不涌向寺院，所以私度的甚多。宋真宗天禧二年（1018)，曾一次度僧二十三万余人,给祠部牒。宋代度牒曾一度用纸造,伪造的很多。南宋高宗绍兴三年（1133)，仍旧用绫造度牒。宋代度僧既有限数而要求出家为僧者多，于是空白度牒便成为一种有价值的证券在社会上流通。首先是神宗熙宁元年（1068）由于河决年荒，用司谏钱辅言，出卖度牒。于是有宋一代便用卖度牒作为政府从事营造、赈灾、筹饷等等的筹款办法。甚而至于钞票（会子）贬值，也是用度牒作价来收回。凡是篡改旧度牒或冒用死亡僧人的度牒，是要受到充军发配的惩罚的。

这种度牒制度，元明清三代沿袭未改，清康熙十五年（1676）规定凡有私度者杖八十，为民；顶名冒替者杖四十，僧道官革职还俗。乾隆四年（1739）并规定官吏如若失察，罚俸三月。可见其限制的严苛。但至清乾隆三十九年（1774）便废止僧道度牒。自此以后僧道只以各寺观所给戒牒为凭而无度牒了。

佛教的仪式

一　日常行事

在原始佛教时期，僧众的日常行事，除了出外乞食，每日各自进行修行。修行的方法有两项：一是学习教理；二是修习禅定。学习教理听佛说法，或互相讨论；修习禅定是趺坐，或者经行（经行是在林间来往徘徊）。到了后来寺院中有了佛像，经典记录成文字，于是有礼拜供养和读诵经典的行仪。特别是大乘佛教徒往往以读诵《普贤行愿品》和修习五悔法门（礼敬、忏悔、劝请、随喜、回向）为每日的常课。佛教传入中国以后，最初也只是弟子各自随师修行，没有统一的日常行事。到东晋时，道安居住襄阳，有弟子数百，于是制定僧尼轨范三例：一是行香、定座、上经、上讲之法；二是常日六时行道（日三时，夜三时）、饮食唱时之法；三是布萨、差使、悔过等法。当时天下寺舍普遍遵行。其具体条文今已失传。其后南齐萧子良有《僧制》一卷。梁光宅寺主法云也创立僧制，现都不传了。智者大师居天台山，创立止观法门，规定寺众分为三等：或依室坐禅，或别场忏悔，或知僧事。依堂之僧每日要四时坐禅，六时礼拜（见《国清百录》)。其后各宗成立，都有行仪的规定，但现在已难考查了。

近代汉地寺院通行的日常课诵，是明末逐渐统一起来的。因为佛教在元代相当紊乱。明初稍加整顿，各寺的日常行事各各不同。其后逐渐统一，成为定规，就是每日有“五堂功课”“两遍殿”。早殿：全寺僧众于每日清晨（约在寅丑之间）齐集大殿，念诵《楞严咒》、《大悲咒》、“十小咒”、《心经》各一遍。念诵的起止都配有歌赞。其中《楞严咒》为一堂功课；《大悲咒》、“十小咒”等为一堂功课。事忙时可以只念后一堂。有的寺院在平日只念一堂功课，在节日念两堂功课。《楞严咒》在西藏文经典中称为《大白伞盖总持陀罗尼经》，有息灾的功用，西藏各喇嘛寺院也是每日念诵的。《大悲咒》出于《千手千眼观世音菩萨广大圆满无碍大悲心陀罗尼经》，是观世音菩萨的根本法门。关于“十小咒”的名称和出处，列举于下：

1.《如意宝轮王陀罗尼》，出《如意轮陀罗尼经》，也是观音菩萨法门之一。

2.《消灾吉祥神咒》，出《佛说炽盛光大威德消灾吉祥陀罗尼经》。

3.《功德宝山神咒》，出处不明。

4.《佛母准提神咒》，出《佛说七俱胝佛母准提大明陀罗尼经》。

5.《圣无量寿决定光明王陀罗尼》。是元代人译,无有经本，乃阿弥陀佛法门之一。

6.《药师灌顶真言》，出《药师如来本愿功德经》。

7.《观音灵感真言》，元代人译，没有经本，也是观音法门之一。

8.《七佛灭罪真言》，出《陀罗尼杂集》。

9.《往生净土真言》，即是《拔一切业障根本得生净土陀罗尼》。

10.《天女吉祥真言》，出《金光明经》。

依真言宗的规则，凡持诵真言，必须依照仪轨，如法持诵，方有成就。这样集合众多真言，各念一遍，只是以念诵经咒的功德，回向护法龙天及诸鬼神，以祈愿寺中安静无难而已。

晚殿有三堂功课，就是诵《阿弥陀经》和念佛名；礼拜八十八佛和诵《大忏悔文》；放蒙山施食。诵《阿弥陀经》和念佛名是为自己往生西方净土祈愿。八十八佛是五十三佛和三十五佛。五十三佛名见《观药王药上二菩萨经》，是娑婆世界的过去佛。三十五佛名出《决定毗尼经》,是现在十方世界的佛。这八十八佛都可以为众生作忏悔主。因此向八十八佛申述自己改悔过恶的愿望，是可以灭罪的。《大忏悔文》也出于《决定毗尼经》。唐不空三藏曾译有《三十五佛名礼忏文》，可见在印度也是日常遵行的。蒙山施食是于每日中午的斋食，取出少许饭粒，到晚间按照《蒙山施食仪》念诵，施给饿鬼的。施食本来是真言宗的一种日常行事，但必须依照真言宗的仪轨，有一定的观想、真言、手印，方得成就的。蒙山在四川雅安县。相传甘露法师在蒙山集成此仪，实际上原作者并不了解真言宗法则，只是在经典中杂乱选出一些真言，无有伦次，只由于真言宗在中国汉地久已失传，于是不别是非地遵行而已。晚殿的三堂功课，在一般寺院中是单日念《阿弥陀经》和念佛；双日拜八十八佛和念《大忏悔文》；蒙山施食却是每日要举行的。

除了早晚二殿外,僧众于每日早斋和午斋时（早餐和午餐）,要依《二时临斋仪》以所食供养诸佛菩萨，为施主回向，为众生发愿,然后方可进食。至于晚餐,因为佛原制定过午不得进食,现在虽因健康和习惯不得不吃，所以不须念供。

二　节日活动

根据佛所制定的戒律，僧众应当于每月望晦（农历十五日、三十日）两日齐集一处，共诵《戒本》，自我检查有无违犯戒律之事。如有违犯，便应按照情节轻重，依法忏悔。忏是梵语“忏摩”的简略，意是请予容恕。这一行事叫作“布萨”，义是“长养”，意谓可以断恶长善。汉地简称为“诵戒”。

在全年之中，自农历四月十五日到七月十五日的三个月中，应当定居在一寺之中，专心修道，不得随意他往。这叫作“安居”，又叫作“结夏”“坐腊”。如因事延缓，不及定居，最迟也应在五月十五日定居下来，这叫作“后安居”。在安居日满，即七月十五，僧众仍应集合一堂，任凭他人对自己检举一切所犯轻重不如法事，从而忏悔。这叫作“自恣”。经过自恣之后，受戒的年龄算作增长一岁或是一腊。这是计算戒腊的日期，所以结夏也叫作坐腊。

在一年之中，佛教最大的节日有两天：一是四月初八——佛诞日；二是七月十五日——自恣日。这两天都叫作“佛欢喜日”。在佛诞节要举行“浴佛法会”。就是在大殿用一水盆供奉太子像（即释迦牟尼佛诞生像）。全寺僧侣以及信徒要以香汤沐

浴佛节

浴太子像，作为佛陀诞生的纪念。这太子像是数寸高的童子形立像，右手指天，左手指地。佛传说，太子初诞生时，右手指天，左手指地而言曰："天上天下，唯我独尊。"原来印度的习惯是尚右，所以右手指天，但是中国汉地的习惯是尚左，因此中国汉地所造太子像多半是左手指天，这是不合佛经的。

东南亚国家的佛教徒，根据上座部的传说，以四月十五日为佛诞日，同时也是佛成道日、佛涅槃日。中国藏蒙地区也如此。佛成道以后，经过四十九日到鹿野苑，为五比丘开始说法。

由四月十五日算起，经四十九天，到六月初四日为佛初转法轮日。教徒此日应到寺院旋绕佛塔。又佛诞生后七天，佛的生母摩耶夫人便逝世而生在忉利天。传说佛成道后，曾经有一年至忉利天安居，为母说法三个月，然后由天上从三道宝阶下来人间，这便是九月二十二日。这天称为“天降节”，各寺要举行纪念仪式。此节在斯里兰卡、缅甸等国家也盛行。

农历七月十五日要举行“盂兰盆会”。这是根据西晋竺法护译的《佛说盂兰盆经》而举行超荐历代祖先的佛事。据该经说：目连（佛弟子中神通第一）的母亲死后生为饿鬼，目连尽自己的神通不能救济其母，佛告以要在每年七月十五日僧自恣时，以百味饮食供养十方自恣僧。以此功德，七世父母及现生父母在厄难中者，得以解脱。在汉地，最初举行此仪的是梁武帝，大同四年（538）他在同泰寺设盂兰盆斋（见《佛祖统纪》卷三十七）。其后大概在民间普遍举行。到了唐代，每年皇家送盆到各官寺，献供种种杂物，并有音乐仪仗及送盆官人随行。民间施主也到各寺献供献盆及种种杂物（见《法苑珠林》卷三十二）。唐代宗大历元年（766），改在宫中内道场举行盂兰盆会，设高祖以下七圣位。建巨幡，各以帝名缀幡上，自太庙迎入内道场，铙吹歌舞，旌幢触天。是日百官于光顺门外迎拜导从。自是以后，每年如此。盂兰是梵语，义是倒悬。盆是汉语，是盛供品的器皿。言此供具可以解先亡倒悬之苦。唐时盂兰盆供极为奢丽，往往饰之金翠（见《大宋僧史略》)。当时长安城中诸寺七月十五日作花蜡、花瓶、假花果树等，各竞奇妙。常例皆于殿前铺设供养，倾城巡寺随喜，甚是壮观（日本圆仁《入唐求法巡礼行记》卷四)。

到了宋代便不是以盆供僧，为先亡得度，而是以盆施鬼了。采用道家以七月十五日为中元节的传说，印卖《尊胜咒》《目连经》。又以竹竿斫成三脚，高三五尺，上织灯窝之状，谓之盂兰盆，挂搭衣服、冥钱其上，焚之。拘肆乐人自过七夕，便搬目连救母杂剧，直至十五日止，观者倍增（《东京梦华录》)。寺僧又于是日募施主钱米，为之荐亡。后世更有放河灯、焚法船之举(用纸糊船形，船上糊有鬼卒等)。这些都是民间习俗。

盂兰盆盛会

根据佛经中说，释迦牟尼佛的诞生、出家、成道、涅槃同是四月八日。但是汉地习惯以四月初八为佛诞日，二月初八为佛出家日，腊月初八为佛成道日，二月十五为佛涅槃日。佛诞日举行浴佛法会，其他三日也要在寺院中举行简单的纪念仪式。特别是腊八日，煮腊八粥以供众，已成为民间的普通习俗。

佛事活动

除此以外，汉地各寺院又流传一些不见于经典的诸佛、菩萨诞日的纪念仪式。如正月初一是弥勒菩萨诞日，二月二十一日是普贤菩萨诞日，三月十六日是准提诞日，四月初四是文殊菩萨诞日，七月十三日是大势至菩萨诞日，七月三十日是地藏菩萨诞日，九月三十日是药师佛诞日，十一月十七日是阿弥陀佛诞日，特别是二月十九日观音诞日，六月十九日观音成道日，九月十九日观音出家日。这些节日的传说从何而起？很难考定。这些佛菩萨中，除弥勒菩萨、文殊菩萨是和佛同时的印度人外（其生卒年月也不可考），其余佛菩萨都是佛所称赞过的他方世界的佛菩萨，根本不可能用此世界的岁月时日来推算其诞日，何况也无岁月的记载。或有传说，永明延寿禅师的生日是十一月十七日，而以永明为弥陀化身，就以此日为弥陀诞日；正月初一日是布袋和尚诞日，而以布袋和尚为弥勒化身，就以此日为弥勒诞日。

三　忏法与打七

改恶修善是佛教根本教义。特别是大乘佛教，认为人生是由久远生死相继而来，今后还须经无数生的修行，以至于成佛；其间最主要的是要消除以往无量劫中所造的罪恶，发愿今后精进修行，永不退转。因此，修习忏法便成为大乘修行的不可缺少的行仪。历来通行的忏法有两类：一类是集诸经所说，忏悔罪过的仪则；一类是依五悔法门，修习止观的行法。

忏悔罪过的仪则，据《唐高僧传·兴福篇论》中所说，最早是刘宋时代的药师行事。其后萧齐竟陵王萧子良撰《净住子净行法门》三十卷（全书今不传，只有一卷收入《广弘明集》中）。及至梁代有《大通方广忏》，又名《大通方广忏悔灭罪庄严成佛经》，其源始于荆襄，本以疠疾，祈诚悔过，感得平复，因约诸经抄撮成部（全书三卷，中土久佚，今编入《大正大藏经》第八十五函）。梁武帝曾制忏二部，一名《六根大忏》（今不传），是梁武帝自己亲行的，文中有云："万方有罪，在予一人"；一名《六道慈忏》，乃是岁中诸寺所行，即今所谓《慈悲道场忏法》，又简称《梁皇忏》。梁陈之际，忏法繁兴，据《广弘明集》卷三十六所载，有涅槃忏、六根忏、摩诃般若忏、金刚般若忏、胜天王般若忏、妙法莲华经忏、金光明忏、大通方广忏、虚空藏菩萨忏、方等陀罗尼斋忏、药师斋忏等。《唐高僧传·兴福篇论》中尚举有普贤别行、佛名、般舟等忏。这些忏法的行仪都已失传，内容如何无从考定。以意推测，当是读诵如上诸般经典，以诵经功德消灭罪愆。现在所通行的有《梁皇忏》《万佛名忏》和唐知玄所撰《水忏》。梁武帝撰集《慈悲道场忏法》，原因是当时僧侣食肉，梁武帝召集京邑大德法师，进行辩论，根据《涅槃经》《楞伽经》等，制断食肉，并令诸僧七日忏悔（见《广弘明集》），所以这忏法叫作《慈悲道场忏法》。世俗讹传此忏是梁武帝令宝志禅师纂辑，以度王后堕于蟒身之厄。这是宋人附会之谈，不可置信。至于《水忏》的撰述，世传知玄的前世是汉代的晁错，误斩袁盎，因此现身患人面疮，痛苦异常。经异人指示，修此忏法，以水洗浣，而得解冤愈疾。这也是宋人的附会。考核其文字，实是节录宗密所撰《圆觉经道场修证忏》而成，并非知玄自撰。

修习止观的忏法，创始于天台宗智者大师，就是《摩诃止观》中所说四种三昧的“半行半坐三昧”和“非行非坐三昧”；也就是《法华三昧行法》《方等三昧行法》《请观音三昧行法》《金光明三昧行法》。《法华三昧行法》根据《法华经》；《方等三昧行法》根据《方等陀罗尼经》；《请观音三昧行法》根据《请观世音菩萨消伏毒害陀罗尼经》；《金光明三昧行法》根据《金光明经》。除《方等陀罗尼经》外，其他三经都有智者所撰注解。其行法见于《国清百录》；唐荆溪湛然又作了一些《补助仪》。其组织的程序，是：(一)严净道场，(二)净身，(三)三业(身、口、意)供养，(四)奉请三宝，(五)赞叹三宝，(六)礼拜，(七)忏悔，(八)行道旋绕，(九)诵经，(十)坐禅正观实相。后代天台宗学者又遵照这样组织形式，编辑了许多忏法，如宋遵式撰《往生净土忏愿仪》《炽盛光道场念诵仪》；宋知礼撰《大悲忏法》；明智旭撰《地藏忏》等。到了清代所撰各种忏法就更多了。天台宗制定忏仪的主要目的，是借礼敬、赞叹、忏悔以安定心思，然后从诵经、坐禅两方面正观实相，如是周而复始的修行，以达到证悟。但是后世只注重礼拜、忏悔，而废止了诵经与坐禅，是舍本而逐末，完全丧失了天台宗止观要旨了。

无论忏悔罪过的仪则，或修习止观的行法，都是佛教徒自己修行的方法，而不应成为替他人作佛事以谋求财利的手段。根据佛的教导，凡是在家信徒要修积功德为他人（生者或亡者）祈福，只有斋僧一法，汉唐以来一直遵行，如虞世南卒，唐太宗即于其家造五百僧斋。僧侣自己日常修持忏法以灭罪生慧，施主供献饭食以增益福德，完全是两件不同的事。其后僧人平时不能自修，遇有信徒施舍饮食或财物时，心生惭愧，于是日修持忏法。其后逐渐演变成为施主给以财物，指定僧人修何忏法、诵何经典的习惯。于是忏法成为寺院谋利的佛事,形同贸易，全无功德之可言了。

在禅宗和净土宗盛行以后，禅宗以直接参究心性的本源为要务，净土宗以专心念佛愿求往生为目的，于是此二宗的主要修行仪式，不是礼拜忏法，而是于七日之中，除必要的饮食睡眠外，专心参究，或专心持名，这叫作“打七”；或者分为“打禅七”与“打净七”。在禅宗寺院中,每年冬季都要举行一七（一个七日）乃至十七（十个七日）的“打七”活动。

四　重要佛事

在寺院中所举行的佛事，要以水陆法会为最盛大，以焰口施食为最经常，其次，斋天和放生也是常常举行的。

水陆法会　全名是“法界圣凡水陆普度大斋胜会”。水陆法会的创始，相传是梁武帝因梦中得到神僧的启示，醒后受宝志禅师的指教，亲自披阅藏经三年之久，方撰成此仪文。于天监四年（505）在金山寺依仪修设。但后经周隋变乱，此仪不行。到了唐高宗咸亨中（670—673）西京法海寺神英禅师梦中得异人指点，醒后从大觉寺吴僧义济处得到梁武帝所撰水陆仪文。因常设此斋，遂流行天下（见《佛祖统纪》卷三十三）。但是据《广弘明集》所载，梁武帝于天监三年（504）才舍道事佛，不可能在天监四年以前已经披阅藏经三年之久。水陆仪轨中的文辞完全依据天台的理论撰述的。其中所有密咒出于神龙三年（707）菩提流志译《不空羂索神变真言经》，这不仅是梁武帝所不能见，也是咸亨中神英所不能知的。现在通行的水陆法会分内坛、外坛。内坛依照仪文行事，外坛修《梁皇忏》及诵诸经。所谓梁皇亲撰仪文及神英常设此斋，可能只是指《慈悲道场忏法》而言，至于水陆仪文则是后人所增附的。

水陆法会的盛行是宋代开始的。宋熙宁中（1068—1077），东川杨锷祖述梁武的旧仪，撰成《水陆仪》三卷，当时曾盛行于世。元祐八年（1093），苏轼为亡妻宋氏设水陆道场，撰水陆法赞十六篇，因称为眉山水陆。南宋时史浩路过金山，闻水陆法会之盛，特施给四明东湖月坡山田一百亩，专供四时修建水陆之费。乾道九年（1173），月坡山创建殿宇，四时启建水陆大斋，史浩亲撰疏辞，作《仪文》四卷。南宋末年，志磐又续成《新仪》六卷并制定像轴二十六轴。于是金山仪文称为"北水陆"；志磐所撰称为"南水陆"。《应庵昙华禅师语录》卷五有在建康蒋山太平兴国寺《王机宜为弟枢密相公设水陆请升堂法语》和在平江府报恩光孝寺时《悲济会水陆升堂法语》。昙华是宋高宗时人，可见当时水陆佛事已很普遍。元《元叟端禅师语录》有《朝廷作水陆升座法语》，其时是皇庆元年（1312）。《元史》卷二十八说：英宗至治三年（1323）制京师万安、庆寿、圣安、普庆四寺，扬子江金山寺，五台万圣祐国寺作水陆佛事七昼夜。其时月江正印禅师住持金山，其《语录》中有《朝廷金山建水陆法会普说》，就是其事。《楚石梵琦禅师语录》卷二十有明洪武元年、二年（1368、1369）两次于蒋山禅寺水陆法会升座《法语》，这也是受明太祖敕旨举行的。可见元明时对水陆佛事甚为重视。明袾宏又因金山寺本前后错杂，不见始终头绪，时僧行者亦复随意各殊，乃取志磐仪轨重加订正，成为《水陆修斋仪轨》六卷。清咫观撰《法界圣凡水陆大斋普利道场性相通论》九卷，《法界圣凡水陆大斋法轮宝忏》十卷。现在通行的是清道光间仪润汇集袾宏订正的《水陆仪轨》。

根据如上所述的水陆佛事发展情况来看，水陆仪文是宋人创撰的。宋遵式《施食正名》中说："今吴越诸寺多置别院，有题榜水陆者（中略），有题斛食者（中略），有题冥道者。"水陆与冥道是同一仪式的名称。日本最澄、圆仁先后入唐求法，所携回的密部经典中有《冥道无遮斋法》一卷（最澄）、《冥道无遮斋文》一卷（圆仁）。现在《阿婆传抄》中有《冥道供》，其规模与水陆仪轨大致相仿。可见水陆法会是唐时密教的冥道无遮大斋与梁武帝的六道慈忏相结合而发展起来的。到了宋代杨锷又采取了密教仪轨而编写成《水陆仪》。明莲池（袾宏）大师既嫌金山寺本头绪杂乱，可见原初创始未必是出于通家之手。现在金山寺本既不传，无从考知其内容。总之，水陆法会是宋代盛兴起来的一种佛教仪式，是可以断言的。

瑜伽焰口　系根据《救拔焰口饿鬼陀罗尼经》而举行的一种佛事仪式。经中说：佛在迦毗罗城尼具律那僧迦蓝，为诸比丘并诸菩萨说法。尔时阿难独居闲静处习定。至夜三更，有一饿鬼，名曰焰口，于阿难前说："却后三日汝命将尽，生饿鬼中。"

阿难心大惶怖，疾至佛所，陈说此事，并乞示教。时佛为说无量威德自在光明殊胜妙力陀罗尼，谓诵之即能免饿鬼苦，福寿增长。修此法时，于一切时，取一净器，盛以净水，置少饭麨及诸饼食等，右手按器，诵陀罗尼七遍，然后称多宝、妙色身、广博身、离怖畏四如来名号，取于食器，泻净地上，以作布施。若施婆罗门仙，即诵此陀罗尼二七遍，投于净流水中。若诵三七遍，奉献三宝，则成上味奉献供养。

此法的传来，最初是唐武后时实叉难陀译《救面然饿鬼陀罗尼神咒经》一卷和《甘露陀罗尼咒》一卷。面然就是焰口的异译。其《救面然饿鬼陀罗尼神咒经》中所说的真言名变食

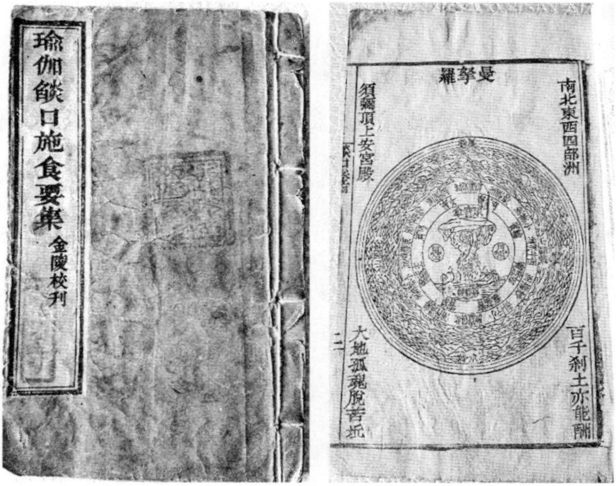

佛教典籍《瑜伽焰口施食要集》

真言。《甘露陀罗尼咒》所说真言名甘露真言。谓取一掬水，咒之十遍，散于空中，即成甘露。其后不空三藏译出《救拔焰口饿鬼陀罗尼经》，与实叉难陀所译同本。不空又译出《瑜伽集要救阿难陀罗尼焰口仪轨经》、《瑜伽集要焰口施食起教阿难陀缘由》（即前《仪轨经》前半起源分别行）、《施诸饿鬼饮食及水法》。日本所传尚有唐跋驮木阿译《施饿鬼甘露味大陀罗尼经》。不空译《瑜伽集要救阿难陀罗尼仪轨经》中的行法次第是：一、破地狱真言，二、召饿鬼真言，三、召罪真言，四、摧罪真言，五、定业真言，六、忏悔真言，七、施甘露真言，八、开咽喉真言，九、七如来名，十、发菩提心真言，十一、三昧耶戒真言，十二、施食真言，十三、乳海真言，十四、普供养真言，十五、奉送真言。自此以后施饿鬼食便成为修密法者每日必行的仪式。日本入唐求法诸家曾携回有关施食饿鬼的仪轨。空海著《秘藏记》中曾解释施饿鬼法中五如来义。安然《八家秘录》有《施饿鬼法》，列诸家将来经轨八部。但是在中国却由于唐末五代之乱，随着密教失传而施食一法也失传了。

宋代诸师对于施食一法是不够了解的。在遵式《金园集》中有施食正名、施食法、施食文、施食观想诸篇。其法并非密教仪轨，只是取经中真言，附以台宗观想而已。其施食正名中说："今吴越诸寺多置别院，有题榜水陆者（中略），有题斛食者（中略），有题冥道者。”斛食是指焰口施食。冥道是唐代的冥道无遮大斋，也是密教行法的一种。水陆是宋代兴起的仪式。此三者在当时是混同着而无所区分的。宗晓有《施食通览》一卷，首载《救面然饿鬼经》二译，次录《涅槃经》佛化旷野鬼神缘，《鼻奈耶杂事律》佛化魔子母缘及《宝云经》中比丘乞食分施鬼畜文，次集诸家关于施食及水陆斋会之文。其中有仁岳《施食须知》一篇，也以为施旷野鬼神，施鬼子母救拔焰口饿鬼同是施食。《释门正统》卷四《利生篇》也同此说。可见宋代诸家对于焰口施食曾企图恢复而未得其道。

元代由于藏族喇嘛进入汉地，密教也随之复兴。藏经中有《瑜伽集要焰口施食仪》一卷，未注译人。就其中真言译音所用字考之，应是元人所译。其次第与不空译《救阿难陀罗尼焰口仪轨经》相同，其前增有三归、大轮明王咒、转法轮菩萨咒、三十五佛、普贤行愿偈、运心供养、三宝施食、入观音定，然后方破地狱。而后增尊胜真言、六趣偈、发愿回向偈、吉祥偈、金刚萨埵百字明、十类孤魂文、三归依赞。从此瑜伽施食之法得以复兴。

明代，由于诸家传承不一，各自以意增益，遂又形成杂乱。今所知者明代行法有《瑜伽焰口施食科仪》。其后天机禅师删其繁芜，成为《修习瑜伽集要施食坛仪》，世简称为《天机焰口》。

天台灵操为之注，名曰《修习瑜伽集要施食坛仪应门》二卷，其中唯召请孤魂文不同。莲池袾宏又因《天机坛仪》略加参订，名曰《修设瑜伽集要施食坛仪》，略名《瑜伽集要施食仪轨》，并为之注，名《施食补注》。清康熙三十二年（1693），宝华山释德基又因袾宏本略加删辑，名为《瑜伽焰口施食集要》，世称《华山焰口》。乾隆六年（1741），宝华山释福聚又因之作《瑜伽施食仪观》。此外又有康熙十四年（1675），释寂暹著《瑜伽焰口注集纂要仪轨》。康熙二十二年刊《修习瑜伽集要施食仪轨》的跋文中说："禀受师承不出一家，遂使流通经本大相径庭。纷纭彼此，莫知适从。"清代佛寺流行的《焰口》，多为《天机》和《华山》两种。

斋天　是后起的一种仪式。当天台宗智者大师依《金光明经》制定《金光明忏法》时，其中庄严道场是要依《金光明经》设大辩才天、大功德天和四天王座位。而忏文中依经奉请大梵尊天、帝释天、护世四王、金刚密迹、散脂大将、大辩才天、大功德天、鬼子母等十一天众。到了宋代修金光明忏，设诸天供，就随意依据经文而增加之。诸天座次的排列也引起争论。南宋绍兴中（1131—1162）神焕撰《诸天列传》，乾道九年（1143）行霆又撰《诸天传》。设诸天供有十二天、十六天、二十天、二十四天、三十三天不等。

到了元代，便由金光明忏法略出供天一节，作为寺院中每年岁朝佛事。元省悟所著《律苑事规》卷十中说："正旦元首，各寺祈祷规式不同，修光明、观音忏法，或诵经文，或祇课咒。"又说："正月旦，上元节，诸寺殿堂多修忏法，或供诸天。"《续释氏稽古略》中说，元文宗时，天台宗的慧光法师于每岁元旦率众修金光忏。这便是斋天所以兴起的根源。明末弘赞律师就简略的《金光明忏法》别撰《斋天科仪》，至今诸寺通行。

放生　中国汉地放生的习惯并不始于佛教。《列子·说符篇》说："正旦放生，示有恩也。"可见逢节日放生，古已有

放生池

之。而且《说符篇》中说："客曰：'民知君之欲放之，竞而捕之。死者众矣，君如欲生之，不若禁民勿捕，捕而放之，恩过不相补矣。'简子曰：'善！'"可见不仅有放生，而且有专门捕鱼鸟以供放生的。

佛教提倡放生，首先是《梵网经》中第二十不行放生戒说："若佛子以慈心故，行放生业。"又说："故常行放生，生生受生常住之法。"《金光明经·流水长者子品》中说，佛往昔为流水长者子救十千鱼事。《杂宝藏经》卷五说，沙弥救蚁子水灾，得长命报缘。汉地大规模放生始于天台智者大师。时有天台山麓临海之民，舍扈梁六十三所为放生池。唐肃宗乾元二年（759），诏天下立放生池八十一所。颜真卿撰天下放生池碑。宋真宗天禧元年（1017），敕重修天下放生池。天禧三年（1019），遵式奏以杭州西湖为放生池。天圣三年（1025），知礼奏以南湖为放生池，于佛诞日为放生会。遵式《金园集》中有《放生慈济法门》，知礼《四明教行录》中有《放生文》，这都是放生仪轨。现在通用的《放生仪轨》也是依据《金光明经·流水长者子品》的大意编纂的。

盂兰盆会　盂兰盆会是汉语系佛教地区，根据《佛说盂兰盆经》而于每年七月十五日举行的超度历代宗亲的佛教仪式。经中说：目连以天眼通见其亡母生饿鬼道，受苦而不得救拔，因而驰往白佛。佛为说救济之法，就是于七月十五日众僧自恣时，为七世父母及现在父母在厄难中者，集百味饭食安盂兰盆中，供养十方自恣僧。七世父母得离饿鬼之苦，生人、天中，享受福乐。这就是盂兰盆会的缘起。此经是西晋竺法护译的（但《出三藏记集》以为失译），全文八百余字，与此经同本异译的还有东晋失译的《佛说报恩奉盆经》，又名《报象功德经》。其文字更短，三百余字。此外《开元释教录》卷十八《疑惑再详录》中有《净土盂兰盆经》一卷五纸,此经已佚。《法苑珠林》卷六十二引用其文，称为《大盆净土经》，说十六国王闻佛说目连救母脱苦之事，各造种种宝盆以盛饮食，献佛及僧事。

关于竺法护译的《盂兰盆经》有许多注解。现存的有唐慧净《盂兰盆经讲述》一卷,唐宗密《盂兰盆经疏》一卷,宋元照《盂兰盆经疏新记》二卷，宋普观《盂兰盆经疏会古通今记》二卷，宋遇荣《盂兰盆经疏孝衡钞》二卷,宋日新《盂兰盆经疏钞余义》一卷,明智旭《盂兰盆经新疏》一卷,清灵耀《盂兰盆经折中疏》一卷，清元奇《盂兰盆经略疏》一卷。

《盂兰盆经》的经题解释有两种说法：一说盂兰是梵音，义为倒悬；盆是华言，指盛食供僧的器皿。如唐慧净《盂兰盆经赞述》中说："名餐香俎在于盆内，奉佛施僧以救倒悬之苦，故名盆也。"唐宗密《疏》云："盂兰是西域之语，此云倒悬；盆乃东夏之音，仍为救器。若随方俗，应曰救倒悬器。”明智旭《新疏》、清灵耀《折衷疏》、元奇《略疏》都用此说。第二说以为盂兰盆三字都是梵语音译。慧琳《一切经音义》卷三十四云：“盂兰盆，此言讹也。正言乌蓝婆拏，此译云：倒悬。案西国法，至于众僧自恣之日，云先亡有罪，家复绝嗣，亦无人飨祭，则于鬼趣之中受倒悬之苦。佛令于三宝田中供具奉施佛僧，祐资彼先亡，以救先亡倒悬饥饿之苦。旧云：盂兰盆是贮食之器者，此言误也。”（今按经文前段亦无以食物安盆中之语）宋遇荣《盂兰盆经疏孝衡钞》云：“经题者，梵语佛陀乌舍乌蓝婆拏门佐罗素呾缆，华言：觉者说救倒悬器经。”“盂兰盆会者，即今大宋翻经者言，此皆梵语讹略也。具正应云‘乌蓝婆拏’，孝顺义，供义，恩义，倒悬义。盆亦讹略，旧云：盆佐那。新云：门佐罗，亦云：门佐曩，华言救器。以义回文，名救倒悬器。”此是遇荣与当时译经院译师商榷所得的解释。

至于依据《盂兰盆经》而举行仪式，创始于梁武帝萧衍。《佛祖统纪》卷三十七云：大同四年（538）帝幸同泰寺，设盂兰盆斋。义楚《释氏六帖》四十五云：“《宏明》云：梁武每于七月十五日普寺送盆供养，以车日送，继目连等。”自此以后，成为风俗，历代帝王以及群众无不举行，以报祖德。唐道世《法苑珠林》卷六十二《祭祠篇》云：“国家大寺。如长安西明、慈恩等寺……每年送盆献供种种杂物及舆盆音乐人等，并有送盆官人，来者非一。”又云：“外有施主献盆献供种种杂事。”可见唐时风俗对于盂兰盆供是很重视的。此后就更盛大的举行。《佛祖统纪》卷五十一云：“（唐）代宗（李豫）诏建盂兰盆会，设七庙神座,迎行衢道。”（又见卷四十一大历三年〈768〉条）“德宗（李适）幸安国寺，设盂兰盆供。”（又见卷四十一贞元十五年〈799〉条）《释氏通鉴》卷九亦有类似的记载，并云岁以为常。宋赞宁《大宋僧史略》卷中《内道场》条中也记此事云，“造盂兰盆，饰以金翠”。只是以前送盆往寺设供，至此改在宫内举行，而供器更庄严了。民间对于盂兰盆会也日见热烈，如日本圆仁《入唐求法巡礼行记》卷四，会昌四年（844）条记云：“（长安）城中诸寺七月十五日供养，作花蜡、花瓶、假花果树等各竞奇妙。常例皆于佛殿前铺设供养。倾城巡寺随喜，甚是盛会。今年诸寺铺设供养胜于常年。”不仅在家士庶竞修供养，出家僧侣也各出己财，造盆供佛及僧。如宗密《盂兰盆经疏序》云：“年年僧自恣日，四事供养三尊，宗密依之崇修，已历多载。”

到了宋代，这种风俗相沿不改。但是盂兰盆供的富丽庄严和供佛及僧的意义减少而代之以荐亡的行事。在北宋时如宋孟元老《东京梦华录》卷八《中元节》条所说：“印卖《尊胜咒》、《目连经》。又以竹竿斫成三脚，高三、五尺。上织灯窝之状，谓之盂兰盆。挂搭衣服、冥钱在上，焚之。构肆乐人自过七夕，便搬目连经救母杂剧，直至十五日止。观者倍增。”陆游《老学庵笔记》卷七亦云：“七月中旬，俗以望日具素馔享先。织竹作盆盎状，贮纸钱，承以一竹……谓之盂兰盆。”宋高承《事物纪原》曾呵责其失云：“按《盂兰经》曰：‘目连母亡，生饿鬼中。’佛言：‘须十方僧众之力，至七月十五日具百味五果，以著盆中，供养十方大德。’后代广为华饰，乃至割木割竹，极工巧也。今人第以竹为圆架，加其首以斫叶中贮杂馔。陈目连救母画像，致之祭祀之所。失之远甚矣。”但《事物纪原》尚无焚盆及挂冥纸之说，似尚是宋代早期风俗。及至南宋，如宋吴自牧《梦粱录》卷四云：“七月十五日……僧寺于此日建盂兰盆会，率施主钱米，与之荐亡。”

自后盂兰盆会便成寺院中每年重要行事之一。元德辉重编《百丈清规》卷七《节腊章·月分须知》中云：“七月初旬，堂司预出盂兰盆会诸寮看诵经单，预牵众财办斛食供养。十三日散楞严会。十五日解制。当晚设盂兰盆会，讽经施食。”元明本《幻住庵清规》云：“七月十五日解制人事。此夜分启建盂兰盆胜会以济幽爽，以报劬劳。此会亦须预出经单，请大众随意披阅。此会有开甘露门一坛，请依而行之。”这就说明盂兰盆会的主要内容在于讽经施食了。这种仪式一直流行到明代。明袾宏《正讹集》中曾加以辩正云："世人以七月十五日施鬼神食为盂兰盆大斋之会，此讹也。兰盆缘起目连，谓七月十五日，众僧解夏自恣，九旬参学多得道者，此日修供，其福百倍，非施鬼神食也。施食自缘起阿难，不限七月十五。所用之器是摩竭国斛，亦非兰盆。盖一则上奉贤圣，一则下济饿鬼，恶可得混？"清仪润曾欲两全其道，谓日献兰盆，恭敬三宝；夜施斛食，普渡鬼神。仪润《百丈清规证义记》卷八中详载《兰盆仪轨摘要》，云全卷见《兰盆会纂》中。其中有净坛绕经、上兰盆供、众僧受食诸仪节，又附兰盆会约二十一条。但是各寺院遵行者不多，在群众中仍多以荐亡度鬼为盂兰盆会的主要行事。

佛教的胜迹

一　名山

自禅宗在唐代盛兴以后，禅徒常常游方学道，主要是寻师访友，以求发明宗旨。如赵州从谂八十还行脚，汾阳善昭平生参八十一员善知识。当时所谓“参方”“行脚”，并没有固定的去处。到唐末时，信徒集中朝拜的地方有四处：一是五台山——文殊菩萨圣地；二是泗州普光王寺——僧伽大圣圣地；三是终南山——三阶教圣地；四是凤翔法门寺——佛骨圣地。南宋宁宗时，由于史弥远的奏请，制定禅院等级，有“五山十刹”的规定。以杭州径山的兴圣万福寺、灵隐山的灵隐寺、南屏山的净慈寺、宁波天童山的景德寺、阿育王山的广利寺为五山；杭州中天竺的永祚寺、湖州的万寿寺、江宁的灵谷寺、苏州的报恩光孝寺、奉化雪窦资圣寺、温州的龙翔寺、福州雪峰崇圣寺、金华的宝林寺、苏州虎丘灵岩寺、天台的国清寺为十刹，成为禅徒游方参请集中之地。到了明代，这些山刹久已衰歇，当时佛教界中也少有可以指导诸方的尊宿大德，于是在佛教徒中出现了参拜名山的习惯。一般佛教徒集中参拜的地方是四大名山：一是山西五台山，二是浙江普陀山，三是四川峨眉山，四是安徽九华山。四山之中以五台山最为有名。明代曾有“金五台，银普陀，铜峨眉，铁九华”之说。除四大名山之外，还有宁波的阿育王寺和云南的鸡足山等。

五台山　在山西省五台县东北四十里。有东西南北中五峰对峙，相距各数十里，峰顶平广如台，所以叫作“五台”。又叫作清凉山，因为山中盛暑时不觉炎热。相传此山是文殊菩萨示现之处。不仅中国汉藏蒙族如此传说，即在印度和尼泊尔等国也同样有此传说。晋译《华严经·菩萨住处品》(卷二十九)中说:“东北方有菩萨住处，过去诸菩萨常于中住。彼现在菩萨名文殊师利,有一万菩萨眷属,常为说法。”又唐菩提流志译《文殊师利法宝藏陀罗尼经》说:“尔时世尊复告金刚密迹主菩萨言:‘我灭度后，于此赡部洲东北方，有国名大振那，其国中有山，号曰五顶。文殊师利童子游行居住，为诸众生于中说法。’”元魏孝文帝时，此山即有盛名，建有寺院。唐仪凤元年（676）罽宾国僧佛陀波利来唐，就是专为入山求见文殊菩萨的。据说他来到山中进入金刚窟，不再出来了。山中寺院甚多，有汉僧寺院，也有喇嘛寺院，各有十大刹最为著名。

普陀山　为浙江定海县东一百五十里海中的一个岛。“普陀洛迦”是梵语，义为小白华或光明，原是印度南方秣罗矩吒国海中山名，相传是观世音菩萨住处（见《大唐西域记》卷十）。唐宣宗大中元年（847），有梵僧来浙江，于此岛潮音洞中见观音菩萨瑞相，因建茅而居，并取以为名。梁贞明二年（916），日本僧慧锷于五台山得观音像，取归日本，舟行至此，因筑庵奉之。宋神宗元丰三年（1080），王舜封出使三韩，遇风涛，爵封望潮音洞叩祷，得平安济渡。事还，以事奏闻，赐名宝陀观音寺。自此以后，凡往来三韩、日本、阿黎、占城、渤海，取道放洋的人，多望山归命，祈求平安，遂成为名山中的观音圣地。山中有普济寺（俗称前寺）和法雨寺（俗称后寺）二大刹。其余寺庵甚多。有元代修建的多宝佛塔，传为元宣让王建，所以俗称太子塔。

峨眉山　在四川峨眉县西南，两山对峙如峨眉故名。相传古时有蒲翁入山采药，得见普贤菩萨瑞相，其实是宋人的附会。原因宋太祖乾德六年（968），嘉州屡奏普贤显相，因遣内侍张重进前往庄严瑞相。太宗太平兴国六年（981），又造普贤铜像，高二丈余，建大阁安置。其后屡加装饰，增修寺宇。于是峨眉

峨眉山普贤菩萨

山成为普贤菩萨的圣地。

九华山　在安徽青阳县西南四十里。唐天宝中，新罗王子金乔觉出家为僧，名地藏，航海至此。至德中（755—757），诸葛节为购地建寺。贞元十三年（797），金地藏寂，年九十九。明代因以金地藏为地藏菩萨化身而崇祀之。山中现有金地藏塔

（俗称肉身塔）。此山便成为地藏菩萨的圣地。

阿育王寺　在浙江宁波。相传印度阿育王于一日一夜造八万四千塔，供养释迦佛舍利，布置于南赡部洲各地。中国有十九处（见《法苑珠林》卷三十八），现在唯存此一处，为西晋武帝太康二年（281）慧达（原名刘萨诃）在此处掘得。其塔非金玉铜铁，又非岩石，作紫黑色。塔身四方形，每面刻一佛本生故事：萨埵王子变、舍眼变、出脑变、救鸽变等。上有露盘，塔中有悬钟。佛舍利在钟内，因建寺供奉，名阿育王寺。宋真宗大中祥符元年（1008），改名广利寺。历代以来，佛教徒来寺参拜舍利，未尝中止。

鸡足山　在云南大理洱海东北一百里，地属宾川县。印度摩竭陀国有鸡足山，是佛弟子迦叶尊奉佛命，持释迦佛的僧伽黎衣（袈裟）入灭尽定，以候将来弥勒佛下生处（见《佛国记》、《大唐西域记》卷九）。此山原亦名鸡足山，明人因附会此山即是摩诃迦叶入定处，兴建许多寺院。滇、川、康的佛教徒多来此山参拜。

二 祖庭

1. 三论宗祖庭

栖霞寺 在江苏南京东北四十里摄山。刘宋明帝泰始中，处士明僧绍住此。时有法度自黄龙来，与僧绍交游甚厚。僧绍殁后，舍宅为法度造寺，称栖霞精舍。僧绍子仲璋秉父遗志，于山崖雕无量寿佛并二菩萨像。梁时辽东人僧朗，善《三论》及《华严》，来师事法度，称为三论宗初祖。朗殁，弟子僧诠，诠弟子慧布继住山寺。隋文帝于天下各州立舍利塔，此寺是其一。现有佛舍利塔，是五代时重修。基座及塔身雕饰精美。塔基上雕八相成道像。寺门外有唐高宗制《明征君碑》。

嘉祥寺 在浙江绍兴县，三论宗僧诠传弟子法朗，朗传吉藏，藏居此寺讲学，世因称之为嘉祥大师。唐初吉藏入长安，其学说有所改变，世称其学派为新三论宗。

2. 天台宗祖庭

天台山 在浙江天台县北三里。晋宋时名僧多在此山修习禅定。天台宗初祖慧文在河北，二祖慧思住湖南南岳，三祖智𫖮于陈太建七年（575）来居此山，大弘祖业。世因称此学派为天台宗。山下国清寺是天台宗根本道场。寺前岗上有九层砖塔，是隋代所建，宋代重修。寺门前有宝塔七座。山上真觉寺是智者塔院，祖殿中有六角智者大师真身宝塔。正面有龛，内奉大师像。拱壁间原雕大师生平事迹。山中寺院甚多，宝相寺是大师入灭处，有弥勒像及智者大师入灭塔。国清寺门前有唐天文家一行禅师墓塔。

玉泉寺　在湖北当阳县玉泉山东南麓，智者大师，在此寺讲《法华玄义》和《摩诃止观》。今寺大殿前有隋大业十二年（616）造大铁锅及元代铸铁钟、铁釜各二。寺左有观音像碑，相传是唐吴道子画，碑高七尺。寺前隔溪有宋嘉祐六年（1061）建十三级铁塔，高十七点九米，形式优美。

延庆寺　在浙江宁波市。北宋时中兴天台教观的知礼于至道二年（996）居此，也称之为四明尊者。明永乐中列此寺为天下诸宗名山的第二山。

3. 慈恩宗祖庭

慈恩寺　在陕西西安市。唐贞观二十二年（648）高宗为太子时，为其母文德皇后建，所以名为慈恩寺。寺极弘大，总有房舍一千八百九十七间。延玄奘为上座，于寺西北立翻经院，玄奘在此译经。弟子窥基秉承其学。玄奘卒后，窥基继任此寺。

所以世称其学派为慈恩宗。永徽三年（652），玄奘仿西域制，造五级砖塔，高一百八十尺，面方一百四十尺，以安置梵筴，名曰“雁塔”（印度摩竭陀国昔有伽蓝，住小乘僧，食三净肉。后时求三净肉不得，会有群雁飞翔。有僧戏曰：“今日僧供不充，菩萨应知是时。”时有一雁应声自堕而死。群僧惭愧，更不食三净肉。仍建塔埋之，名曰雁塔（见《大唐西域记》卷九）。武后长安中改建为七级。其后屡经重修。原有四门楣尚是唐初原物，刻有佛像。塔外壁有褚遂良书《大唐圣教序》碑。

大雁塔

兴教寺　在陕西长安县。寺有玄奘三藏及其弟子窥基、圆测三塔。玄奘塔在中央，南面五层，约高七十尺。塔后有唐刘轲撰《大唐三藏大遍觉法师塔铭》碑。窥基塔在玄奘塔东，面西；圆测塔在西，面东，皆三层，高约十七尺。有《大慈恩寺基公塔铭》及《大唐西明寺大德圆测法师舍利塔铭》二碑。二塔初层中有木雕窥基及圆测像，皆宋代作品，今不存。

4. 贤首宗祖庭

法顺和尚塔　在陕西西安市南樊川岗上，是贤首宗初祖法顺和尚墓塔。

五台山清凉寺　贤首宗初祖法顺，二祖智俨均住终南山至相寺。三祖法藏，号贤首，世因称其学派为贤首宗。法藏殁后，澄观私淑其学，住五台山清凉寺，撰新译《华严经疏》及《随疏演义钞》，以竟法藏未竟之志。世称澄观为清凉大师。

草堂寺　在陕西户县东南圭峰下，相传是姚秦鸠摩罗什译经之处。贤首宗五祖宗密居此，世称宗密为圭峰禅师。寺有鸠摩罗什塔。宗密葬于东小圭峰，有唐裴休撰并书圭峰禅师碑，今移置于草堂寺鼓楼内。

5. 律宗祖庭

道宣律师塔　在陕西长安终南山。印度的律学有五部不同：一、摩诃僧祇部《僧祇律》；二、萨婆多部《十诵律》；三、昙无德部《四分律》；四、弥沙塞部《五分律》；五、迦叶遗部律（未传汉地）。姚秦以后，《十诵律》甚弘南北；《僧祇律》行于江南；元魏以后《四分律》大盛。入唐又分为三家：一、法砺住相州（今河南安阳）同光寺，著《四分律疏》，为旧疏，称为相部宗。二、怀素住长安崇福寺东塔院，著《四分律疏》，为新疏，称为东塔宗。三、道宣住终南山丰德寺，著《四分律行事钞》，称为南山宗。其后新旧二家失传，南山一宗独盛。

大明寺　在江苏扬州市。原名栖灵寺，唐称大明寺，清改名法净寺（1980 年鉴真和尚像回国巡礼，恢复大明寺名——编者）。唐道宣的再传弟子鉴真在此寺讲律。后赴日本，大弘律学，开日本佛教和文化的先河。在日本奈良建唐招提寺，鉴真塔即在该寺后院。

宝华山隆昌寺　在江苏句容县北七里。元代律学废绝。明末寂光居此寺，中兴律宗，为宝华第一世。其后读体、德基、真义、常松、实泳、福聚相承，为有清一代律宗根本道场。

6. 真言宗祖庭

大兴善寺　在陕西西安市。唐天宝中师子国（今斯里兰卡）不空三藏居此，屡设灌顶道场，建立了真言宗，并译出众经。寺有徐浩书不空三藏碑。真言宗的传承是以毗卢遮那为初祖，普贤金刚萨埵为第二祖，龙猛为第三祖，龙智为第四祖，金刚智为第五祖。金刚智于开元七年（719）来华，传弟子不空为第六祖。

青龙寺　在陕西西安市，原唐长安城延兴门内新昌坊。唐不空三藏弟子惠果住此寺东塔院，世称为真言宗第七祖。贞元二十年（804），日本僧空海入唐求法，从惠果受灌顶，传金刚界、胎藏界两部大法并受传法阿阇梨灌顶。回日本后，在高野山建立了日本的真言宗。其后日本僧圆仁、圆载、圆珍、真如、宗睿先后入唐，皆在此寺受学真言宗法。此寺宋时已圮废，今立碑其处以为纪念（按：今于遗址建惠果空海纪念堂）。

7. 净土宗祖庭

东林寺　在江西庐山西北麓。东晋太元十一年（386），刺史桓伊为慧远建。慧远于山中立般若台，安弥陀三圣像，集道俗一百二十三人立誓，期生西方极乐世界，号为"莲社"。宋时尊慧远为莲社初祖。寺东岗石室中有八角覆钵形慧远塔。塔右方有石造圆窦、藏骨室。宋元以来，净土宗成立，奉慧远为净土宗初祖。

玄中寺　在山西交城县西北二十里石壁山中。元魏昙鸾在此依《十六观经》修净业，愿生西方极乐世界。唐初，道绰于玄中寺见昙鸾遗迹，因专修净业，并教人念佛，用木槵子记数。善导从道绰学，后至长安教化道俗，一心持名念佛。宋人奉善导为净土宗二祖。在净土法门的传承上，昙鸾的功绩是不可泯灭的。日本净土宗亦尊此寺为祖庭。

灵岩寺　在苏州灵岩山。原是春秋时吴王夫差馆西施处，叫作“馆娃宫”。梁天监中始建为寺。其后为禅寺。近代印光法师住此寺，改宗净土，专修念佛法门。

8. 禅宗祖庭

少林寺　在河南登封县嵩山少室山五乳峰下。北魏太和二十年（496），孝文帝为佛陀禅师建。菩提达摩来此，于寺凝修壁观，建立了禅宗。历代以来屡经重修。现存鼓楼仍是元大德六年（1302）原建筑，柱石雕刻甚为富丽。禅宗的传承以达摩为初祖。在少林寺西北二里许有初祖庵，建于宋代，石柱上

少林寺山门

有宋宣和七年（1125）题字。寺西南八里原有二祖庵，中有二祖像。

匡救寺 在河北成安县。二祖慧可于此说法。相传达摩为二祖说法于此。

山谷寺 在安徽潜山西北三十里三祖山。有三祖僧璨大师塔。宋黄庭坚居此寺，因自号山谷。

真觉寺 在湖北黄梅东北二里冯茂山上。四祖道信、五祖弘忍居此。禅宗至五祖始盛，门徒常过千人。世称之为东山法门。

南华寺 在广东韶关南六十里处。原名宝林寺。禅宗六祖慧能开法于此。有六祖肉身塔。六祖真身犹存，供于六祖殿内。六祖以下分为南岳、青原二支。南岳支下分出临济、沩仰二宗；青原支下分出曹洞、云门、法眼三宗。临济宗后又分为黄龙、杨岐二派。杨岐下又有虎丘和大慧两派。

（1）沩仰宗

唐灵祐居沩山，祐弟子慧寂居仰山，共建立沩仰宗，但是流传不广，自晚唐以至宋初，约一百五十年便衰歇了。

沩山 在湖南宁乡县。山顶为广野，平田千亩。古来住僧耕作，人称“罗汉田”。山有密印寺，即灵祐所居。

仰山 在江西宜春县南八十里。山有栖隐寺，宋时改名太平兴国寺。慧寂于此大建法幢。

（2）曹洞宗

唐良价住洞山，弟子本寂住曹山，共建立曹洞宗。

洞山　在江西宜丰县东北五十里。山有普利院，唐大中年间，良价住此。世称其禅风为洞上宗风。

曹山　在江西宜丰县东北三十里，山有荷玉寺，本寂住此，大振洞上禅风。

天童山　在浙江宁波。晋初创建寺宇。原名太白山，寺名天童。其后寺屡有兴废。唐代复兴。宋建炎三年（1129），正觉禅师住此，为寺第十六世，于曹洞宗为第十世，大振曹洞宗旨，立“默照禅”。宝庆元年（1225），如净住持（曹洞宗第十三世）此寺。日本道元入宋，从如净受学，回国后建立日本的曹洞宗，即为始祖。明代以此山为天下禅宗五山的第二山。明成化中（1465—1487），有日本僧雪舟来此寺为首座。雪舟善绘画，名振艺坛。

（3）云门宗

大觉寺　在广东乳源县北云门山，原名光泰禅院。五代时文偃住此，大弘禅法，建立云门宗，在北宋时极为繁盛，南宋末便衰歇，流传约二百年。

（4）临济宗

临济禅师塔 亦名“青塔”，在河北正定。正定城南二里临济村有临济寺。唐义玄住此，建立临济宗。此寺于抗日战争时被毁。今唯存临济禅师塔。

黄龙山 在江西宁州西南八十里。山有永安寺，一名黄龙院。宋仁宗时慧南（临济宗八世）住此，大振禅风，建立黄龙派。

杨岐山 在江西萍乡县北七十里，是战国时杨朱泣岐之处。寺名普通禅院。宋时方会（亦临济宗第八世，与慧南为同门）住此，大弘道法，建立杨岐派。

虎丘灵岩寺 在江苏苏州虎丘。春秋时吴王阖闾葬此。晋竺道生说法处。宋绍兴四年（1134），临济宗杨岐第五世绍隆住此，建立虎丘派。

径山 在浙江杭县，寺名能仁兴圣万寿寺，简称径山寺。宋绍兴七年（1137），杨岐派第五世宗杲居此（与绍隆为同门），立话头禅，世称大慧派（大慧是宗杲的封号）。

黄檗山 在福建福清县西二十里，有寺名万福寺，唐希运禅师（临济义玄之师）曾居此。明崇祯九年（1636），隐元隆琦住持此山，于清顺治十一年（1654）渡日本，在日本宇治县建万福寺，创日本黄檗宗。

金山寺 在江苏镇江。东晋元帝时创建。宋时以修水陆法会知名。一度为云门宗道场。苏东坡相熟的佛印禅师（云门宗第五世）住此。南宋以后便成为临济宗的主要寺院。

（5）法眼宗

清凉寺　在江苏南京城内。五代时文益居此，立法眼宗（法眼是文益的封号）。流传大约百年，便衰歇了。

佛教文化艺术

一　佛画

佛画

中国佛画，创始于三国时的曹不兴，他见到康僧会所设佛像，便仪范写之。到东晋时，其弟子卫协，时称画圣，画有七佛图。卫协的弟子顾恺之，在瓦官寺壁画维摩像，时人捐十万钱争取一观。刘宋时有陆探微，梁时有张僧繇。旧时画法多系平面而无阴阳明暗之分，僧繇创为没骨皴法，不先以笔黑钩研而以色渲染。齐时著名佛画家有曹仲达，隋有展子虔，唐初有尉迟乙僧等。到开元中吴道子集诸家之大成，为古代佛画第一人。其弟子以卢楞伽为最。中唐德宗时周昉创作水月观音之体。五代时贯休以画罗汉知名。其他如王齐翰等亦为名家。五代以前绘画佛教图画，都能庄严妙好，从形容仪范中体现佛菩萨清净端严、慈悲静穆的道德品质。宋代以后文人画兴，于是佛教画分为两种流派，其一继承隋唐规矩，不失尺度，如宋李公麟、马和之，明丁云鹏、仇英、商喜，清禹之鼎、丁观鹏等；其一则不拘绳墨，以古朴奇谲为高，如宋梁楷，明陈洪绶，清金农、罗聘等是。若就佛法言之，诡谲形态是画佛菩萨像所不应取法的。

二　版刻

中国是发明造纸和印刷术最早的国家。公元前一世纪已有纸张出现。二世纪初，蔡伦改进了造纸方法。此后书籍全靠人们在纸上抄写来传播。到了八世纪前后，又发明了刻版印刷术，几百部几千部书可以一次印成，比过去手写时代，向前跃进了一大步。

寺院和佛教徒们很早就利用民间新兴的刻版印刷术，作为宣传佛教的工具。除了捺印的小块佛像以外，有时刻些大张佛像和律疏。唐末司空图为洛阳敬爱寺僧惠确写的雕刻律疏文，曾说印本共八百纸，可见那时寺院已有施舍用的律疏印本了。敦煌发现的唐咸通九年（868）王玠出资雕刻的卷子本《金刚经》，是现存最早的木刻印书，用纸七张缀合成卷。第一张扉画释迦牟尼佛说法图，刀法遒美，神态肃穆，是一幅接近版画成熟期的作品。这卷举世闻名的唐代刻本佛经，已于二十世纪初被英国人斯坦因窃去，真令人切齿痛心。

近年成都唐墓中出土了一张成都府卞家印的梵文陀罗尼经，中央刻一小佛像坐莲座上，外刻梵文经咒，咒文外又围刻小佛像。这是国内仅存的最古的唐刻本。那时成都是西南文化出版的中心。唐时刻印的书籍，只限于广大市民阶层常用的通俗书和佛教经典，这为两宋蜀本打下了良好的技术基础。北宋开宝四年（971），宋朝政府派人到成都雕造大藏经五千余卷，这是一次规模巨大的出版工作，蜀本由此知名。

北宋开宝八年（975），吴越国王钱俶倡刻的陀罗尼经（雷峰塔内藏经），是现存最古的浙本，字体工整，和后来杭州刻的小字佛经相似。近年浙江龙泉塔下发现的北宋初年刻的佛经残叶，字体宽博，和南宋官版书相似。可见杭州和浙江其他地区从五代末年起，已有大批刻版技术熟练的工人。这就无怪北宋监本多数都是浙本了。宋时除浙本外，建本（福建建阳刻本）也颇有名。宋、金、元三朝中，浙江杭州、福建建阳、四川成都眉山、山西平阳（今山西临汾）是四个文化区，刻印了大量

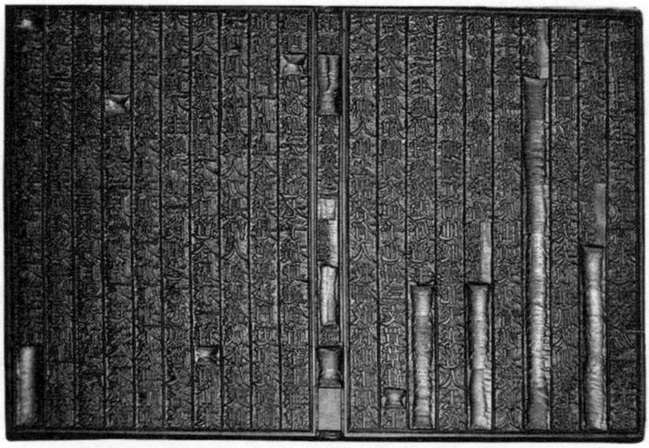

宗鑑法林卷四

集雲堂編

應化聖賢

舍利弗因維摩詰室有一天女散花次問言汝何不轉却女身曰我從十二年來求女人相了不可得當何所轉卽時天女以神通力變舍利弗作天女乃自化身如舍利弗而問言何不轉却女身弗以天女相荅我今不知何轉而變爲女身天曰舍利弗若能轉此女身則一切女人亦當能轉如舍利弗非女而現女身一切女人亦復如是雖現女身而非女也卽時攝舍利弗身還復如故而問言女身色相今何所在舍利弗言女身色相無在無不在天曰一切諸法亦復如是無在無不在

白雲端云我不如汝　磐山修云舍利弗好心不得好報盡道被天女轉却女身據山僧見處天女莫道轉得舍利弗一人直饒轉得大地男子爲女身自家女身脫不得在何故旣云十二年來求女人相了不可得你那裏見舍利弗轉女身來

鷲子已圓無漏種換却身形總不知通途一貫非他物午夜胡僧步雲歸　正堂辦

宗鑑法林卷四　舍利弗　一

宗鉴法林

书籍，行销四方。元代道藏就是在平阳刻成的。其他地区也有一些书坊或私人刊刻了不少大字的小字的佛经和其他书籍，多有精工之品。

明清两朝的首都北京，也是全国性的刻藏中心。北藏、道藏、龙藏以及其他私家刻书，纸墨之精、雕刻之工、装璜之美，都是前所罕见的。所用的纸张，如棉纸、竹纸、开化纸、毛太纸等新品种也不断增加。

远在刻版印刷术大兴以前，中国木刻画就已经出现了。七世纪中叶，唐代玄奘法师以回锋纸印普贤菩萨像，布施四方。唐末王玠刻的《金刚经》扉画和敦煌发现的许多宗教画，艺术已渐趋纯熟。宋元刻本书的扉页画从宗教书籍发展到一般书籍。明代各地书肆刻印了大量佛经，几乎没有不附插图的。

元至元六年（1340），湖北江陵资福寺刻的无闻和尚《金刚经注解》，卷首灵芝图和经注都用朱墨两色套印，这是现存最早的木刻套色印本。十六世纪末吴兴、杭州、南京等地书肆也用朱墨和多色套印各种书籍，绚丽夺目。

刻版印刷是中国特殊的文化艺术之一。各地寺院中保存着不少古代刊刻的具有文物价值的佛经和图书。这是中国文化遗产的一部分，理应妥善保存。对于图书和佛经，首先应当查明是什么年代、什么地方、什么人出资刊刻的，其次是确认装璜的形式，是卷子式、梵筴式、书册式。从这两方面审查其文物价值。具有文物价值应当保存的，便要确定每版的高度、宽度、每行字数，查明函数、册数、卷数、页数，注明完整或缺残情形。即使缺残不全，并不减损其文物价值。这是应当注意的。

三　大藏经

大藏经是汇集佛教一切经典成为一部全书的总称。古时也叫作"一切经"，又略称"藏经"。其内容主要是由经、律、论三部分组成，又称为"三藏经"，分别称为经藏、律藏和论藏。

经柜

经是佛为指导弟子修行所说的理论；律是佛为他的信徒制定的日常生活所应遵守的规则；论是佛弟子们为阐明经的理论的著述；藏有容纳收藏的意义。

佛教三藏的分类，起源很早。相传佛灭不久，他的弟子们为了永久保存佛所说的教法，开始进行了遗教的结集，即通过会议的方式，把佛说的话加以统一固定下来。佛教的经藏是经过几次结集（编纂）会议才形成的。

在佛教传世二千五百年间，经典的流传大体上经过了背诵、书写、印刷三个时代。印度民族是惯于记忆的。他们最初结集三藏时，只是通过问答的形式，把佛所说的教法编成简短的语句，以便佛弟子们能够共同背诵而已。其后才有书写流传的做法。

我国现存汉译大藏经，是自后汉（公元第一世纪）以来，直接和间接从印度和西域各国输入的写在贝叶（贝多罗树叶）上的各种佛经原典翻译过来的。自汉至隋唐，都靠写本流传。到了晚唐（九世纪时）才有佛经的刻本。现存唐咸通九年（868）王玠所刻的《金刚经》便是世界上一本最古的，并附有美丽版画的印刷佛经。

由于佛经的翻译越来越多，晋宋以后就产生了许多经录，记载历代佛经译本的卷数、译者、重译和异译等。在现存许多经录之中，以唐代智升的《开元释教录》最为精详。该书著录当时已经流传的佛经五千零四十八卷，并用梁周嗣兴撰的《千字文》编号，每字一函（又称一帙），每函约收佛经十卷。《千字文》自“天”字至“英”字，共四百八十字，每字一函，合四百八十函。历代刻藏，相沿不改，使汉文大藏经的规模基本定型。

大藏经的内容是非常丰富的。它是佛教及有关文化的一部大丛书。在大藏经里面。保存着现在印度久已失传的许多佛教经典，也包括了中国学者对于佛教原理所作的创造性的阐释。大藏经不仅是佛教徒研究佛学的重要典籍，也是一般学者研究古代东方文化非常重要的资料。

此外，在西藏地区，自唐宋以来，由梵文和汉文译成藏文的经典，也经过整理汇编成为西藏文大藏经。其中佛说的经律称为“甘珠尔”；佛弟子及祖师的著作称为“丹珠尔”。自元以至近代分别在西藏的拉萨、日喀则、奈塘，甘肃的卓尼，四川的德格，北京，都有过多次刻本。西藏文大藏经的内容约十分之八是汉文藏经中所没有的，特别是密教部分。清代还将西藏文佛典译为蒙文、满文，刻成蒙文大藏经和满文大藏经。这种藏经流传稀少，甚为名贵。

在云南傣族地区流传着的上座部佛教，其佛经是用巴利文写的小乘三藏。一般还是用书写的方式流传，国内还没有刻印过巴利文大藏经。

四　寺塔

中国最古的寺院是洛阳的白马寺，是佛教最初传入汉地时，汉明帝为摄摩腾等所创建，但是现在这座寺院的建筑已经过后代多次重建。关于中国佛教建筑的最早记载，是《后汉书·陶谦传》所说：笮融“大起浮图祠，上累金盘，下为重楼，又堂阁周回，可容三千许人”。所谓“上累金盘”，就是用金属作的刹（刹是梵语“刹多罗”之略，义是土田，印度塔上立竿柱，也叫作“刹”）；所谓“重楼”，就是多层木结构的高楼，这正是后来中国塔的基本式样。最早的佛寺建筑，是以塔为中轴线上的主体，而僧房散在其四周。后来的寺院，中轴线以殿堂为主体而塔建在附近了。

中国现存的最古佛寺建筑是五台山的南禅寺（建于 783 年）和佛光寺（建于 867 年）。佛光寺大殿是一座七开间的佛殿。殿中有三十几尊唐代佛像，梁柱间有唐代题字，壁上有唐代壁画。可以说，唐代四种艺术集中保存在这里。

其次，河北蓟县独乐寺有一座结构精美的山门和一座高大的观音阁（均建于 984 年）。阁中奉有十一面观音像，高十六公尺[①]。还有河北正定隆兴寺（建于 971 年）和山西大同善化寺。隆兴寺的主要建筑有大悲阁、左右侧楼、转轮藏殿、戒坛、牟尼殿、大觉六师殿及钟鼓楼。其中大觉六师殿和钟鼓楼已经倒塌。大悲阁中供奉着高大的千手观音像。转轮藏是现存唯一的 10 世纪造的可以转动的大藏经架。牟尼殿中有优美的宋代壁画。善化寺是十一世纪中到十二世纪中叶建成的。现在还保存着四座主要建筑和五座次要建筑。大同下华严寺的薄伽教藏，原来是规模宏大的华严寺的藏经殿。殿中四壁保存着辽代制作精巧的藏经橱，橱的上部有“天宫楼阁”。

山西赵城县的霍山广胜寺，是元代建筑（建于 14 世纪），有上寺和下寺两部分。上寺有一座琉璃塔，是 15 世纪建成的。

北京西山碧云寺是明代建筑。寺中殿堂、廊庑的布局，是结合地形，并把泉石树木组织在内。大殿和菩萨殿保存着明代的精美塑像（现已不存）。寺中有田字形罗汉堂和汉白玉砌成的金刚宝座塔，是清代修建的。寺内有明净的清池，涓涓的流泉，密茂的松柏。这种布局与浙江杭州的灵隐寺、江西庐山诸大寺院大致相同。

---

① 米的旧称。——编者注

碧云寺菩萨殿

中国南方的寺院，多半依山布局，在建置上、风格上与北方寺院不同。院落虽比较局促，而寺外有茂林、有峰峦，气象仍显开阔。如峨眉山麓的报国寺、半山的万年寺、山顶的接引殿都如此。

在十四五世纪间，中国佛寺建筑上出现一种拱券式的砖结构殿堂，通称为“无梁殿”。如山西五台山显通寺、南京灵谷寺、宝华山隆昌寺中都有此种殿堂建筑。

清代修建的喇嘛寺，以北京雍和宫和承德的“外八庙”为最。雍和宫（建成于 1735 年）中法轮殿的殿脊形成金刚宝座塔的“五塔”形状。万福阁与左右两阁以飞桥相连，阁中供奉十八公尺高的弥勒佛立像。承德的外八庙是1713—1870年间陆续建成的。其建筑风格有摹仿新疆维吾尔族形式的，有藏式的，也有汉族形式而带有西藏风趣的，兼收并蓄，多采多姿。

以上只叙述现存历代佛寺中具有代表性的建筑。各地还保存着不少宋、明建筑的佛寺，不能一一列举。在过去，僧众对于寺院的古建筑不很重视，不知爱护，不少古建筑在维修时被拆改，致使宝贵的文化遗产遭到破坏，这是深为可惜的。

塔与寺几乎是同时存在的。中国塔的建筑形式丰富多彩。历史记载中的最大木塔是元魏时建造的洛阳永宁寺塔，高一千尺。百里以外便能望见。可惜这座塔建成不久便被焚毁了。现存最古的塔是520年建的河南嵩山嵩岳寺十二角十五层密檐式砖塔。塔身有用莲瓣作柱头和柱基的八角柱，有用狮子作主题的佛龛，有火焰形的券间，形式优美。自此以后，砖塔逐渐增加，木塔逐渐减少。到10世纪以后，新建的木塔已极为稀有了。

唐代以后的砖塔大概有两种类型：一种形同木塔，层层相累，这可以叫作“多层塔”。另一种是在一个高大的塔身上加多层密檐，这可以叫作“密檐塔”。此外还有单层的僧人墓塔。唐代的塔一般都是四方形的。多层塔是在塔的表面上表现出木结构的柱梁斗拱等。如西安慈恩寺大雁塔（652）、荐福寺的小雁塔、香积寺塔（681）、兴教寺的玄奘塔（669）等都属此类。密檐塔一般不用柱梁斗拱等装饰，而轮廓线条呈现优美，如嵩山永泰寺塔和法王寺塔（八世纪建）、云南昆明慧光寺塔和大理崇圣寺塔都是此类。墓塔中以山东长清灵岩寺的惠崇塔（七世纪前半期建）为最典型。此类塔一般是两层重檐，顶上有砖或石制的刹。只有唐代嵩山会善寺的净藏塔（746 年建）是单层八角形的，塔身用砖砌出柱梁斗拱门窗等。

到了十世纪以后，八角形的佛塔成为标准形式。建造方法也改变了过去外部用砖砌成筒形，内部用木楼梯、木楼板的方法，而是改用各种角度和相互交错的筒形券，把楼梯、楼板、龛室等砌成一个整体。山东长清灵岩寺的辟支塔，河北正定开元寺的料敌塔（1055 年建）都是此种类型。河南开封六角形的繁塔（977 年建），开始采用琉璃造的佛像和花纹处理塔面。其后开封祐国寺塔（1041—1048 年建），俗称“铁塔”，即采用二十八种琉璃面砖砌出

保俶塔

墙面、门窗、柱梁、斗拱等，塔有十三层。河南济源延庆寺塔也是同一类型。宋代在长江流域也出现很多八角形塔。杭州灵隐寺大殿前有石雕双塔（960 年造），高仅十公尺，而有九层，雕刻成仿木结构的形式。苏州报恩寺塔、杭州六和塔和保俶塔，都是用砖砌成的仿木结构形式的塔。檐椽部分杂用木料。至清代，这些塔的木檐椽多已朽败，修理时采用了不同的处理方法。重修后的报恩塔接近于原形；六和塔在塔身外加上一层木结构，极不相称；保俶塔只保存了塔身，形成了柱形塔。

中国现存的唯一木塔是山西应县佛宫寺的释迦塔（1056 年建），全高六十六公尺，共有五层。河北涿县双塔（1090 年建）是仿应县木塔建的砖塔。

辽代在河北中部以至辽宁等地出现了八角形的密檐塔，杰出的典型是北京天宁寺塔。这一类型曾被普遍应用。特殊的是福建泉州的双石塔（十三世纪三四十年代建），全部用石料仿木结构建成。四川宜宾的白塔（1102—1109 年建）和洛阳白马寺塔

妙应寺白塔

（十二世纪后半期建），都保存唐代四方形密檐塔的风格。自此以后，密檐塔的风格变化繁多，难以尽述了。

元代由于西藏地区的佛教传入内地，在汉地出现了西藏式的瓶形塔。北京妙应寺的白塔（1271 年建），是尼泊尔的工艺师阿尼哥所设计的，山西五台山塔院寺塔（1577 年建）和北京北海公园的白塔（1651 年建），都继承了这一类型。

中国现存的佛塔，大部分建于明清时代，在造型上，斗拱塔檐很纤细，环绕塔身如同环带。轮廓线也与以前不同。太原

玉泉山塔

永祚寺的双塔，北京玉泉山塔（18 世纪建），便是这时期的多层塔的典型；北京八里庄慈寿寺塔（1576 年建），是密檐塔的典型。唯有山西赵城县广胜寺的飞虹塔是用琉璃面砖装饰的，八角十三层，高四十公尺以上。北京玉泉山还有一座清代的小型琉璃塔。

明代出现了一种特殊的塔型。就是仿印度菩提伽耶金刚宝座塔（佛成道的地方）而设计的金刚宝座塔。即在一长方形的高台上建立五座正方形的密檐塔。云南昆明妙湛寺塔、北京五塔寺塔（1473 年建）都是这一类。北京香山碧云寺有清代建立的金刚宝座塔，塔台上于五座密檐塔外加了两座瓶式塔。北京

北京五塔寺塔

北郊黄寺，也有金刚宝座塔，那是第三世班禅的墓塔。正中是瓶式塔，四角有四座较小的八角密檐塔。中央塔身雕刻精美。

在我国各地除了佛塔之外，还有一种“文风塔”，或叫作

“文峰塔”。那是过去科举时代人们为了祈求本地方的文人能中试及第而建造的。这种塔一般都是仿照佛塔的形式。

中华人民共和国成立后，于 1958 年在北京西山建造了一座佛牙舍利塔，供奉释迦如来灵牙舍利，1964 年落成。塔有十三层，高五十八公尺，采用传统的密檐形式，而在结构、刹顶方面，都有创新的地方。形式优美，颇为山林增色。

五　石窟

佛教建筑有许多种类，石窟是其中最古的形式之一，在印度称为“石窟寺”。石窟本是佛教僧侣的住处，佛在世时就已经存在了。一般石窟寺是开凿岩窟成一长方形，在入口的地方有门窗。石窟中间是僧侣集会的地方，两边是住房。后来发展成为两种形式：一种叫作“礼拜窟”，一种叫作“禅窟”。礼拜窟雕造佛像，供人瞻仰礼拜；禅窟主要是供比丘修禅居住的。礼拜窟有前后两室的，也有单独一室的。其入口处有门，上面开窗采光。其平面有马蹄形的，有方形的。内部装饰有在石壁上雕凿佛像，也有在中心石柱雕造佛龛、佛塔，也有在石窟四周作壁画的。印度现存的佛教石窟以公元前一、二世纪至五世纪时所造的阿旃陀石窟群为最著名，其建筑、雕刻和壁画都有很高的艺术价值。玄奘法师在《大唐西域记》（卷十一）中曾概括地把阿旃陀石窟的位置、建筑、雕刻、民间传说等生动地记述下来。这些记述现在已成为记载印度阿旃陀石窟最宝贵的古代文献。

从四世纪到八世纪之间，印度佛教的建筑艺术向东传播。我国西北，如新疆的库车，甘肃的敦煌，山西的云冈，河南的龙门，河北的南、北响堂山等地现存的古代石窟，就是首先吸取了印度石窟造型艺术而建造的。敦煌石窟是我国现存比较完整的石窟群之一，它自北魏历隋唐五代宋元至清一千多年，共计开凿一千多窟。北魏洞窟形式都是摹仿印度石窟的制度，前

甘肃敦煌莫高窟

面入窟地方有一个“人”字形披间，是便于礼佛跪拜的前庭，窟的后半部有一个龛柱（中心柱），是为礼拜时遵照印度习惯回旋巡礼用的。隋唐洞窟大约有两种：一是沿用北魏的龛柱形式；一是中央平广而三面有龛壁的形式。后来建造增多，为省工起见，把龛柱改成须弥座和屏风，别创一种洞窟的形式。

各时代石窟雕刻作品的鉴别，主要是从其面相、花纹、服装等加以观察。如六朝面相多是丰圆，后期较为瘦长，唐代则是颊丰颐满。衣纹最初用汉代传统的阴线刻法，后来兼采用西域的凸起线条，更发展成为直平阶梯式的衣纹。服饰一般是采用印度的装束，由单纯而逐渐演变为复杂。各个时代作品的这些特征，充分显示了我国劳动人民的创造天才。

在我国广大土地上，从新疆的库车、高昌，甘肃的敦煌、永靖，大同的云冈，义县的万佛堂，洛阳的龙门，太原的天龙山，邯郸的南、北响堂山，济南的千佛崖，南京的栖霞山，杭州的飞来峰，四川的广元、大足到云南的剑川，有一连串的石窟寺，分布在各个名胜地区，把我们的锦绣河山点缀得更为雄伟和富丽。这些石窟的雕塑、壁画等，是我国古代艺术家把传统的艺术和外来的影响密切会合起来而创造的珍品，具有独特的艺术风格。所有雕塑和绘画虽都以佛教故事作题材，但其中也有反映各个时代人间现实生活的情景，是研究中国古

洛阳龙门石窟

代史的宝贵资料。

在旧中国，由于政治腐败，文化落后，民不聊生，帝国主义者趁机千方百计掠夺我国的文化遗产。因此，许多石窟里的雕像、壁画等也成为他们窃取的对象。在许多石窟中，有些佛像的头部被凿下，有些壁画被刮去，成为他们国家博物馆中的陈列品。我们今天到那些石窟寺（如山西天龙山，河北的南、北响堂山）去，到处见到断头折臂的雕像。这种摧残我国文化

杭州的飞来峰菩萨造像

的恶劣行为，实在使我们痛恨不已；同时，更加激发我们尽心保护祖国文化遗产的责任感。

六　金石文物

中国古代习惯在日用的金属器皿上刻铸文字，或是纪事，或是铭功，或是警戒，这叫作“金”。后来铭刻在碑碣上，或是墓志上，这叫作“石”。金石文字是研究古代历史和艺术的重要资料。佛教的金石文物，也不例外，不仅关系到佛教史实，也关系到一般社会的史实。因此，佛教徒对于寺院中所保存的金石文物，必须加以重视，妥善保存，不可任其毁坏，以免造成不可弥补的损失。

理公之塔

佛教寺院中所保存的“石”，便是寺碑和僧人墓塔碑。这些碑上都记有史实，是最原始的资料。自唐代以后，建石幢之风盛行。有为功德镌造的陀罗尼经幢，也有为纪念僧德的墓幢；有用汉文雕刻的，也有用梵文雕刻的。幢盖和幢座上往往有浮雕的人物，各时代有不同风格，都极精美。佛教寺院中所保存的“金”，便是钟、磬、炉、鼎之类，从它们的铸造技巧上，可以考察历代冶炼技术的进步。如北京大钟寺的大钟，明永乐年间造，钟的内外都铸有汉、梵经文，重八万余斤。法海寺的钟，明正统年间造，钟内外铸有梵文经咒。各地寺院常有宋、元、明时代的铜钟或铁钟。这些都是极有价值的文物。

法器木鱼

佛教寺院的文物，大约可分为下列各类：

第一、建筑：即古代建造的殿堂和塔。

第二、绘画：即前代画家为寺院所作的各种绘画，寺院的壁画，以及各种绣画、织画、漆画等。

第三、雕塑：即寺院古代雕塑的尊像，以及各种金、石、玉、竹、木、骨、角、牙、陶、瓷等雕刻的器皿或艺术品。

第四、铭刻：即一切金、石、玉、竹、木、砖、瓦等之有文字铭记的，碑刻、经幢等也属于此类。

第五、图书：这一类文物在寺院中最为丰富，往往被忽略或轻视。所谓图书，即完整的藏经和残缺零本的藏经，古版本佛经，其中常有珍贵的孤本或绝本。特别是抄本佛经和书籍，往往是极有历史价值或研究价值的文献。此外，寺院的谱录、志书、档案、戒牒、法卷、简牍，以及音乐歌赞的谱录，也都有历史价值，应当保存。至于名人的法书、墨迹，珍贵的金石拓本，古刻经的版片，由东南亚国家传入的贝叶经（应当确定其文字），也都属于图书之类。

经柜

第六、货币：即古代的货币或钞券。

第七、舆服：即有历史价值的衣裳、佩带、冠履、饰物、丝棉麻织物和刺绣品。但是关于这些衣物的时代必须研究确切，决不可强加附会，致招嫌讥。如国清寺传说的智者大师的袈裟，并不是隋代之物。应当考定其确切年代,辨别其真伪,才有历史价值。

第八、器具:凡是法器、乐器、仪器、家具等,如古代的橱柜、几椅等类。

以上所举的只是简单介绍，未曾提到的还有很多，要在具体仔细的审查之中，正确分析，从时代和艺术上评定其文物价值，避免错误和浮夸，作好保护文物的工作。否则很可能把没有文物价值的东西保留下来，而有文物价值的东西反被破坏了。佛教徒应当从爱国主义的精神出发，保护寺院中从古代遗留下来的文化遗产。

七　佛曲

佛曲是佛教徒在举行宗教仪式时所歌咏的曲调。中国汉地佛曲的发展，是由梵呗开始的。梵是印度语“梵览摩”之省略，义为清净。呗是印度语“呗匿”之省略，义是赞颂或歌咏。印度婆罗门自称为梵天的苗裔，因此习惯指印度为梵，如古印度文为梵文。梵呗就是摹仿印度的曲调创为新声，用汉语来歌唱。首先创始的是曹魏陈思王曹植在东阿县（在今山东省）的鱼山删治《瑞应本起经》，制成鱼山呗。《高僧传》（卷一五）中说这种呗“传声三千有余,在契则四十有二”。一契便是一个曲调，四十二契便是四十二个曲调联奏。同时,吴国支谦据《无量寿经》《中本起经》制成菩萨连句梵呗三契；康僧会传泥洹呗。东晋建业（今南京）建初寺支昙籥制六言梵呗。他的弟子法等于东安严公讲经时，作三契经竟。严公说:“如此读经，亦不减发讲。”便散席。第二日才另开题。可见当时虽有曲调，所歌唱的词句却就是经文。三契经便是歌唱三段经文。宋时有僧饶善《三本起》

及《须大拏》。每清响一举，道俗倾心。齐时有僧辩传《古维摩》一契、《瑞应》七言偈一契，最是命家之作。辩的弟子慧忍制《瑞应》四十二契。《乐府诗集》卷七十八杂曲歌辞有齐王融《法寿乐歌》十二首：一、歌本处，二、歌灵瑞，三、歌下生，四、歌田游，五、歌在宫，六、歌出家，七、歌得道，八、歌宝树，九、歌贤众，十、歌学徒，十一、歌供具，十二、歌福应。每首均五言八句，显然是歌颂释迦如来一生事迹。现在虽不知其曲调，无疑是用梵呗来歌唱的。到了隋代由于西域交通的开展，西域方面的佛教音乐也随着传入中土。《隋书·音乐志》（卷十五）中记西凉音乐说："吕光、沮渠蒙逊等据有凉州，变龟兹声为之，号为秦汉伎。魏太武既平河西，得之，谓之西凉乐；至魏周之际，遂谓之国伎。"又说："胡戎歌非汉魏遗曲，故其乐器声调悉与书史不同。"所载歌曲中有"于阗佛曲"。《唐会要》卷三十也说："吕光破龟兹得其声。"又说：天宝十三载七月十日大乐署改诸乐名，龟兹佛曲改为"金华洞真"；急龟兹佛曲改为"急金华洞真"。

陈旸《乐书》卷一百五十九叙"胡曲调"，记录唐代乐府曲调有"普光佛曲""弥勒佛曲""日光明佛曲""大威德佛曲""如来藏佛曲""药师琉璃光佛曲""无威感德佛曲""龟兹佛曲""释迦牟尼佛曲""宝花步佛曲""观法会佛曲""帝释幢佛曲""妙花佛曲”“天光意佛曲”“阿弥陀佛曲”“烧香佛曲”“十地佛曲”“摩尼佛曲”“苏密七俱陀佛曲”“日光腾佛曲”“邪勒佛曲”“观音佛曲”“永宁佛曲”“文德佛曲”“娑罗树佛曲”“迁星佛曲”，凡二十六曲。这些佛曲在当时寺院中举行宗教仪式时如何实际应用，现在已无资料可考。现存的唐代佛教歌赞资料有善导《转经行道愿往生净土法事赞》《依观经等明般舟三昧行道往生赞》和法照撰的《净土五会念佛诵经观行仪》《净土五会念佛略法事仪赞》。这些赞文都是五言或七言句，间用三、四、三言句。每首赞后有和声，和声的词一般是三字。法照所用和声有五字的。首唱者为“赞头”，和声者为“赞众”。所用曲调，疑仍是梵呗的声调。唐代变文也多是七言句和五言句，间有三、三、四言句的，有的注有“平”“侧”字样。“平”是平声调；“侧”是仄声调，但其曲韵当与善导、法照所撰赞文相同，也是梵呗的音韵。敦煌经卷所载唐代佛曲有《悉昙颂》《五更转》《十二时》等调，内容多半是赞叹大乘教理、赞叹禅宗修行、赞叹南宗顿门等。但是，这些曲调的实际应用情形也还难以考定。

宋代流传下来的，如宗镜禅师撰《销释真空科仪》，普明禅师撰《香山宝卷》也都是七言句的歌辞，其中尚未有曲调。元中山人刘居士所撰《印山偈》《观音偈》《菩提偈》，其中有“侧吟”“平吟”“自来吟”，都是七言四句或八句偈，中间加有“临江仙”曲调。自从元代南北曲盛行以后，佛教的歌赞全采用了南北曲调。明成祖于永乐十五年至十八年（1417—1420）编《诸佛世尊如来菩萨尊者名称歌曲》五十卷，就是采用南北曲的各种曲调填写的。其中前半部是散曲，后半部是套曲。散曲中有“普天乐”“锦上花”“凤鸾吟”“尧民歌”“庆原真”“醉太平”“喜江南”“青玉乐”“梅花酒”“喜人心”“早香词”“叨叨令”“圣药王”“寄生草”“梧叶儿”“画锦堂”“梧桐”“滴滴金”“王娇枝”“绛都春”“画眉序”“驻马听”“步步娇”“园林好”“沉醉东风”“彩凤吟”“声声喜”“桃红菊”“锦衣香”等三十曲。但是这些歌曲并未通行。

现在一般佛教音乐中所用的南北曲调，近二百曲。通常用的是六句赞，它的曲调是“华严会”。此外香赞还有多种，如“挂金锁”（戒定真香）、“花里串豆”（心然五分）、“豆叶黄”（戒定慧解脱香）、“一绽金”（香供养）等。十供养赞有三种调:一“望江南”（香供养）、二“柳含烟”（虔诚献香花）、三“金学经”（戒香定香与慧香）。三宝赞和十地赞的曲调是“柳含烟”，西方赞的曲调是“金砖落井”，开经偈的曲调是“破荷叶”。此外，“寄生草”“浪淘沙”二调也是最常用的。

此外，在个别地区的佛寺中，如四川峨眉、山西五台、陕西西安、河北蔚县、福建福州等地，保存着自元明流传下来的曲调。这些佛曲都是采用唐宋的燕乐风格或元代曲调而编成的，其中包括词谱、曲谱、南曲、北曲、佛曲、俗曲，并且有不少民间失传的曲谱。因此，佛教界应当珍视这些佛教乐曲，不但要把这些曲谱保存下来，而且更应传习和整理，使之流传下去，以丰富我国的音乐。

八　变文　宝卷

唐代寺院中盛行一种“俗讲”。日本圆仁《入唐求法巡礼行记》中说：当时长安有名的俗讲法师，左街有海岸、礼虚、齐高、光影四人，右街有文溆及其他二人，其中文溆最有名。赵璘《因话录》说：“听者填咽寺舍，瞻礼崇拜，呼为和尚。教坊仿其声调，以为歌曲。”段文节《乐府杂录》说：“其声宛畅，感动里人。”《卢氏杂说》（《太平广记》卷二〇四引）说：“唐文宗采文溆讲声为曲子，号‘文溆子’。”可见俗讲是用说唱体的俗讲话本，叫作“变文”；其自己编写的说唱文字以演绎经中义理的，叫作“讲经文”。至于将经中故事绘成图画的，叫作“变相”。讲唱变文或讲经文，也叫作“转”。“转变”时也可展开“变相”，使听者易于了解，更受感动。敦煌写经中的《降魔变文》，叙舍利弗降六师的故事，其卷子背后即画有舍利弗与劳度差斗圣的变相（此卷现藏法国巴黎博物馆)，每段图画都和变文相应。其后逐渐发展，俗讲中也采纳一些民间传说和历史故事，如《舜子变》《伍子胥变》《王昭君变》等。更后则此等俗讲不限于俗讲法师，而民间艺人也可以唱变文了。《全唐诗》载唐末吉师老《看蜀女转昭君变》诗说：“檀口解知千载事，清词堪叹九秋文。翠眉颦处楚边月，画卷开时塞外云。”这就说明当时已有妇女用变相、变文合起来清唱王昭君故事的事实了。

变文的唱词，一般是七言为主而间杂以三言，也有少数间杂五言或六言的。说词是散文白话，也有用当时流行的骈体文来描状人情、形容物态的。如《降魔变》《维摩经变》等，文采极为圆熟纯炼、流利生动。往往从数十字经文而渲染夸张成为千数百字，其体制的宏伟，描述的活泼，词藻的绚丽，想象的丰富，诚可为俗文学中的杰作。其中不少的作品包含有浓厚的生活气息，如《目莲变文》显出伟大的母子之爱，而描写地狱的恐怖，正是以封建社会中阶级压迫的现实生活为基础的。这些作品在当时起到了鼓舞人民同黑暗现实作斗争的勇气和信

敦煌变文集

心。

讲唱变文或讲经文，既是说唱体制，唱时似乎有音乐伴唱。变文唱词中往往注有“平”“侧”“断”等字，可能是指唱时用平调、侧调或断调而言。变文也有只是散文体，有说无唱的，这大概不须音乐为伴了。

自宋真宗时（998—1020）明令禁止僧人讲唱变文，其后这些变文的作品便逐渐失传了。直到1900年在敦煌石室发现唐人写经，变文才发现出来。现在《敦煌变文集》汇集敦煌经卷中所存的变文七十八篇，是研究变文的丰富资料。

在宋代讲唱变文既被禁止，同时禅宗又特别兴盛，由于群众对于这一文字的爱好，于是僧人讲唱便以另一形态出现于瓦子的讲说场中。这时有所谓“谈经”的，有所谓“说诨”的，有所谓“说参请”的。吴自牧《梦粱录》卷二十说：“谈经者谓演说佛书，说参请者谓宾主参禅悟道事，又有说诨经者。”周密《武林旧事·诸色伎艺人》条记：“谈经、诨经，长啸和尚以下十七人”。所谓“谈经”等，当然是讲唱变文的发展。可惜宋代这些作品今已失传，难以详考了。

再后便由谈经、诨经发展成为“宝卷”。也可以说“宝卷”是变文的嫡派子孙。现在通行的宝卷中以《香山宝卷》为最古，是宋徽宗崇宁二年（1103）普明禅师作。但是宋时谈经是否即以宝卷为话本，还难以确定。此外有《销释真空宝卷》是讲说《金刚经》的;《目莲救母出地狱升天宝卷》，显然是《目莲变文》的发展。这两种现存有元明人抄本，可见作品是很早的，然而宝卷文学却远不如唐时变文文学的恢弘绚烂。特别是明末会道门利用宝卷作为宣传工具，于是宝卷的内容就更加低落。降至清代，一般宝卷都是宣传封建迷信，内容既极为庸俗，文字也无足观了。

漫谈佛画

一般对于一幅绘画的研究，首先要了解其题材的内容，然后方能辨别其画法的技巧，考定其年代和绘画的因由。如若题材不明，则对于画法的辨别、年代的考定便不能深刻细致。对于佛画研究也是如此。为了明了佛画的题材，就必须从佛教经典或佛教传记中考证其渊源。因此，佛画的解题是研究佛教美术的首要工作。

一　佛画的起源

只就现有的遗物很难对佛教画的起源得到正确的考证，因为最古的遗物现在已不存在了。但是可以肯定佛教绘画是早于佛教雕刻的。根据佛经和佛教传记中的记载，当佛在世时，在佛教寺院中已经有了佛教绘画。

《根本说一切有部毗奈耶杂事》卷第十七云："给孤长者施园之后，作如是念：'若不彩画，便不端严。佛若许者，我欲庄饰。'即往白佛。佛言：'随意当画。'闻佛听已，集诸彩色，并唤画工。报言：'此是彩色，可画寺中。'答曰：'从何处作，欲画何物？'报言：'我亦未知，当往问佛。'佛言：'长者！于门两颊应作执杖药叉；次傍一面作大神通变；又于一面画作五趣生死之轮；檐下画作本生事；佛殿门傍画持鬘药叉；于讲堂处画老宿苾刍，宣扬法要；于食堂处画持饼药叉；于库门傍画执宝药叉；安水堂处画龙持水瓶着妙璎珞；浴室火堂依《天使经》法式画之，并画少多地狱变；于瞻病堂画如来像躬自看病；大小行处画作死尸，形容可畏；若于房内应画白骨髑髅。'是时长者从佛闻已，礼足而去，依教画饰。"

同上书卷三十八中叙佛涅槃后，迦叶尊者为恐阿阇世王闻佛入涅槃，必定忧恼，呕血而死，因命行雨大臣"于妙堂殿如法图画佛本因缘：菩萨昔在兜率天宫，将欲下生，观其五事；欲界天子三净母身；作象子形托生母腹；既诞之后逾城出家；苦行六年，坐金刚座；菩提树下成等正觉；次至婆罗痆斯国为五比丘，三转十二行四谛法轮；次于室罗伐城为人天众现大神通；次往三十三天为母摩耶广宣法要，宝阶三道下赡部洲；于僧羯奢城人天渴仰；于诸方国在处化生，利益既周，将趣圆寂，遂

山西朔州崇福寺说法图

至拘尸那城娑罗双树，北首而卧入大涅槃。如来一代所有化迹既图画已。”在《付法藏因缘传》卷一中也有同样的记载，而且所叙更详。其文说：“图画如来本行之像。所谓菩萨从兜率天化乘白象，降神母胎；父名白净，母曰摩耶，处胎满足十月而生。生未至地，帝释奉接，难陀龙王及跋难陀吐水而浴，摩尼跋陀大鬼王执持宝盖随后侍立。地神化花以承其足，四方各行满足七步。至于天庙，令诸天像悉起奉迎。阿私陀仙抱持占相，既占相已生大悲苦，自伤当终，不睹佛兴。诣师学书、技艺、图谶，处在深宫，六万彩女娱乐受乐。出城游观，至迦毗罗园，道见老人及沙门。还诣宫中，见诸彩女形体状貌犹如枯骨，所有宫殿，冢墓无异。厌恶出家，半夜逾城，至郁陀伽阿罗罗等大仙人所，闻说识处及非有想非无想定。既闻是已，深谛观察，知非常苦不净无我。舍至树下六年苦行。便知是苦不能得道，尔时复到阿利跋提河中洗浴。尔时有二牧牛女人，欲祀神故，以千头牛犨取其乳，饮五百头；如是展转乃至一牛，即取其乳煮作糜，涌高九尺，不弃一滴。有婆罗门问言：‘姊妹，汝煮此糜欲上何人？’女即答曰：‘持祀树神。’婆罗门言：‘何有神祇能受斯食！唯有食者成一切智，乃能受汝若斯之供。’于是女人便奉菩萨。即为纳受而用食之。然后方诣菩提树下，破魔波旬，成最正觉。

山西稷山青龙寺说法图

于波罗奈为五比丘初转法轮。乃至诣于拘尸那城力士生地入般涅槃。如是等像皆悉图画。”

从以上所引证的律藏和佛传所说的事实，虽很明显是经纂述者加以渲染，但必定是有所依据的素材。由此可以肯定当佛在世时寺院中已有壁画，而且在佛涅槃后，这些壁画曾起了一定的作用。文中对绘画内容的详尽叙述很可能有纂述者的铺张，但仍不失为关于佛画缘起的重要参考资料。

二　佛画的目的

佛画的目的大约可分为三：第一是备佛教徒供养敬奉之用；第二是备寺院殿堂庄严之用；第三是供人欣赏的画家写意之作。由于佛画的目的不同，佛画的内容也各不同。

佛教徒供养用的佛画：一、尊像画，就是一尊或多尊的佛菩萨像，庄严妙好，或坐或立。二、经变画，根据佛经所叙的佛国庄严，绘画成图，如极乐净土变、药师佛净土变、灵山净土变等。三、曼陀罗画，是密宗修法所供养的图画，根据一定的经轨，以画一佛或一菩萨为中心，周围层层环绕着菩萨、天神等。

殿堂庄严用的佛画，可以是佛、菩萨、天龙鬼神的形象画；也可以是佛传图，即根据佛传所记释迦如来一生教化的故事；也可以是本生图画，根据佛经中所说释迦如来过去生中所修的种种菩萨行的故事，如舍身喂虎、舍身贸鸽等故事；也可以是经变图，即根据佛经中所叙的故事，绘成形象，如维摩经变、地狱变等。

画家写意以供人欣赏的佛画，便是画在手卷、册页、屏风等处各种题材的佛画，不拘于佛教的形式，不拘于佛教的法则，可以由画家任意逞现其技巧，以供人欣赏。

三　佛画的种类

佛教画的种类，总的来说，可以分为图和像两大类。所谓像，是指一幅画中单独画一像，或一幅画中虽画有多像，其内容都只是侧重在表现每一像的仪容形貌，别无其他的意义。所谓图，是指一幅画中以一尊像为主体，或多尊像共同构成主体，其中有主有伴，共同体现一项故事。例如："十八罗汉像"是在一幅画中或多幅画中画十八罗汉，但只是绘出每位罗汉的仪容形貌，或降龙，或伏虎，各各罗汉不相联系。至于"十八罗汉过海图"便是在一幅画中绘出十八罗汉共同渡越沧海的不同动作。

佛像画就其内容来分，可以有七类：（一）佛类，（二）菩萨类，（三）明王类，（四）罗汉类（包括缘觉类），（五）天龙八部类，（六）高僧类，（七）曼陀罗类。佛图就其内容来分，也可以有六类：（一）佛传类，（二）本生类，（三）经变类，（四）故事类，（五）山寺类，（六）杂类。此外还有“水陆画”一种，是由像和图混合组成的佛画集。

现在就各类佛画简略说明如下：

1. 佛像

佛是梵语“佛陀”的略称，义为“觉者”，是佛教对彻底觉悟真理者的尊称。人人都可以达致对真理的彻底觉悟，因此人人可以成佛。成佛之后所作的事业就是教化众生。佛教认为在一世界之中同时只能有一佛教化，所以一世界又称为一佛土。佛教又认为时间是无始终的，空间是无边际的。因此就空间来说，世界既是无边，十方佛也就是无数的；就时间来说，世界可以反复的由成而坏，一佛的教化也有其始起终尽的时期。一佛的教化终尽以后，又有他佛继而教化，于是三世（过去、现在、未来）的佛也是无数的。在这十方三世无数佛之中，宗教家、绘画家便选择佛经中所常称道的佛而绘画出来，以供瞻觐礼拜之用，这便是佛像画的由来。经常绘画的有现在世的释迦牟尼佛，也就是此世界中现在世的教主；未来世的弥勒佛；过去世的燃灯佛（一名定光佛）；此世界现阶段的贤劫千佛，其中包括释迦佛（第四佛）和弥勒佛（第五佛）；根据《观药王药上二菩萨经》中所说的此世界过去世的五十三佛；根据《决定毗尼经》中所说的现在十方世界中三十五佛；西方极乐世界的阿弥陀佛（无量寿佛）；东方净琉璃世界的药师佛。

佛教中有两大派别，所谓大乘佛教和小乘佛教。大乘佛教注重在大悲救世，所以要叙述大悲救世的种种方法，也就是十方三世佛土的情况。小乘佛教注重在个人修养，所以在空间上只须要谈此世界的释迦佛，在时间上只谈释迦佛以前的六佛，

山西平遥镇国寺佛传故事壁画 1

即所谓“七佛”（毗婆尸佛、尸弃佛、毗舍浮佛、拘留孙佛、拘那含牟尼佛、迦叶佛、释迦牟尼佛）是也。一般小乘寺院中只塑有一尊释迦佛像，别无其他尊像。大乘佛教的寺院中便有种种不同的佛像、菩萨像、天人像等。小乘佛教以为佛是由其形体和道德品质相结合的，其形体称为生身，其道德品质称为法身，在绘画上便要求从形容上能体现佛的道德品质；大乘佛教的本质是彻底体证了绝对真理（真如），绝对真理和佛的智慧是一致的，从而说佛有三身。绝对真理是佛的法身，体证真如的智慧（如如智）是佛的报身，教化世间的尊胜仪容是佛的应身。这佛的三身都要能从形容上表达出来，于是有三个不同的佛名和三种不同形态，就是：毗卢遮那佛（法身佛）、卢舍那佛（报身佛）、释迦牟尼佛（应身佛）。无论其为小乘佛教的释迦牟尼佛，或者大乘佛教的三身佛，在雕塑上或绘画上都要求具有能体现佛的道德品质的仪容形貌，这便是“三十二相”和“八十随形好”之说。这些相好是绘画佛像所必须注意的。

在大乘佛教中又有显教和密教之分。显教注重理论，密教注重事相。密教把所有佛教理论都用形象表达出来。显教中对某一理论问题的系统解释，密教便用有一定组织的形象来表达，这种形象名为“曼陀罗”，译为“坛城”。例如显教中‘转识成智’的问题，在密教中便用五方佛（中东南西北）来表达。中央毗卢遮那佛表法界体性智，东方阿闳佛表大圆镜智，南方宝生佛表平等性智，西方阿弥陀佛表妙观察智，北方不空成就佛或妙声佛表成所作智。此外，密教还有消除一切灾难的炽盛光如来，布施饿鬼令得安乐的甘露王如来（即阿弥陀佛的异名）。

自宋代以后，佛教中颇多不见经传的附会之谈，它也反映在绘画之中。如清王毓贤《绘事备考》中记载宋苏汉臣、顾师颜所绘的佛像，有旃檀香佛、日月珠幢佛、龙步鸾音佛等。这些佛像画已不存在，不能知其内容如何，但是这些佛名是不见于佛经而出于杜撰，肯定其所绘的内容也是不符合佛画原则的。

山西平遥镇国寺佛传故事壁画 2

一切佛像从其形体容貌的相好来说，都是相同的。所以区别各各不同的佛，主要是从其手的姿势，所谓“手印”来分辨的。例如释迦牟尼佛像就有说法像、降魔像、禅定像之不同。右手上举，以食指与大指作环形，余三指微伸，是说法相。右手平伸五指，抚右膝上，是降魔像。以右掌压左掌，仰置足上当脐前，是禅定像。弥陀佛像是以右掌压左掌置足上，掌中置宝瓶。药师佛像是垂伸右手，掌向外，以食指与大指夹一药丸。在汉地相传有所谓“旃檀佛像”，是释迦牟尼佛立像的一种，右手施无畏印（右手上举，伸五指，掌向外），左手与愿印（左手下垂，伸五指，掌向外），衣纹作水波纹形。相传这是佛在世时印度优填王用檀木所造佛像的形式，是最初的佛像。

绘画佛像，除了相好和手印外，还应注意度量。就立像而言，以全身之长为一百二十分，其肉髻高四分，就是佛顶上有肉块高起如髻，状如积粟覆瓯，名为无见顶相。由肉髻之根下至发际也长四分。面长十二分。颈长四分。颈下到心窝，与两乳平，为十二分。由心窝到脐为十二分，由脐至胯为十二分。以上是上身量，共为六十分，当全身之半。胯骨长四分，股长二十四分；膝骨长四分；胫长二十四分；足踵长四分。以上是下身量，也是六十分，亦当全身之半。形象宽广的量度，由心窝向上六分处横量至腋为十二分；由此向下量至肘为二十分，由肘向下量至于腕为十六分，由腕向下量至中指尖为十二分，共为六十分，当全身之半。左右合计，等于全身之量。坐像的量度，上身与立像相同。由胯下更加四分是结跏双趺交会处。由此向下再加四分是宝座的上边。由趺会向上量至眉间白毫，即以其长为两膝外边的宽度。两踵相距是四分。这是画佛像的量度。

2. 菩萨像

菩萨是梵语“菩提萨埵”的略称。“菩提”义是觉悟，“萨埵”义是有情，凡是求觉悟的有情都可以称为菩萨。在佛教中

山西朔州崇福寺菩萨像

一般习惯对于印度弘扬佛法、建教立宗的大德法师都称为菩萨，如马鸣菩萨、龙树菩萨、护法菩萨等。因为这些菩萨是印度佛教历史上的具体人物，所以这些菩萨的画像都属于高僧像之类。这里所说的菩萨像是指佛经中所提出的，与佛同时共弘教化的菩萨的画像。

菩萨像可以分为四类：第一类是总的用形象来表达菩萨修行阶次的画像。根据佛教的理论，自凡夫而修行到达佛果，中间要经过四十二个阶次，就是十住、十行、十向、十地、等觉、妙觉共四十二阶次。住、行、向三十位又总称为三贤位，十地又称为十圣位。等觉是等同于佛的菩萨，妙觉就是佛位。用四十二个不同形状的人像来表达这四十二位，便是四十二贤圣像，又可以分开各各单画，如等觉菩萨像之类。

第二类是佛经中具体提出名号的菩萨画像。这些菩萨都是等觉位的菩萨，辅助释迦弘扬教化的。此中常画的有文殊菩萨（又名妙吉祥菩萨）、普贤菩萨、弥勒菩萨（又称慈氏菩萨）、地藏菩萨、大势至菩萨、药上菩萨、维摩居士，以及姚秦鸠摩罗什译《仁王般若经·受持品》所说的五大力菩萨（又称仁王菩萨或大力菩萨）等。此外还有宋人所绘或宋人画录中所记，其名称不见经传的菩萨像，如《宣和画谱》有唐吴道子的如意菩萨（疑是如意轮菩萨之误），唐宋人画的宝印菩萨（疑是宝印手菩萨）、宝檀菩萨（疑即宝檀华菩萨之误）等。其原卷今已不传，不能知其内容如何，应亦属于此类。

第三类是观世音菩萨画像。观世音菩萨也是佛经中具体提出名号的菩萨。因为民间对之信仰甚深，画家又绘成种种不同的姿势，在绘画艺术上极尽丰富多彩之能事，所以别为一类。观世音菩萨画像，又可以分为三类：第一类是遵照正规仪容所绘的一面二臂或坐或立相好端严的形象（圣观音）。第二类是遵照密宗仪轨所绘的一面二臂或多面多臂、手持种种法物的形象，如大悲观音、如意轮观音、七俱胝观音（又称准提观音）、不空羂索观音、不空钩观音等。第三类是画家自创风格，任意写作，任意题名的观音像，其中也有符合于相好、服饰、手印、度量等法则的，如水月观音、宝相观音等；也有只是一般人物而毫不顾及菩萨像应有法度的，如伫立观音、白衣观音、鱼篮观音、行道观音、自在观音等。此类像最为复杂，难可胜举。在日本相传有十五观音、二十五观音、三十三观音之说，包括以上三类的形象。

第四类菩萨像是包括佛像旁所画的供养菩萨像，如乐音菩萨、献花菩萨、献香菩萨等，和画家任己胸臆随意写画毫无规矩尺度的菩萨像，如行道菩萨、亲近菩萨、思惟菩萨、思定菩萨、莲花菩萨、玩莲菩萨、狮子菩萨等。

正规菩萨像的画法，也与佛像一样，是要注意到相好、服饰、手印、量度的。一般来说，佛的相好要端正温肃；菩萨相好要柔丽慈祥。佛的服饰是单纯朴实，身披袈裟。偏袒右肩，显露心胸；菩萨的服饰要华美庄严，首戴天冠，身披璎珞，手贯环钏，衣曳飘带。各各菩萨也有一定的手印姿势。观世音菩萨手持莲花，天冠中有一化佛（阿弥陀佛）。大势至菩萨也手持莲花，天冠中有一宝瓶。弥勒菩萨手持宝塔，文殊菩萨手持经箧或经卷，地藏菩萨手持摩尼珠和锡杖等。菩萨像的度量，大致与佛相仿，所不同的是顶无肉髻，胯无胯骨；发际、颈喉、膝骨、足趺各减佛四分之一。以上六处共减十二分，如佛身量为一百二十分，菩萨身量便是一百零八分。宽量是由心窝平量至两腋是十分（较佛减二分），由此下垂十八分至肘（较佛减二分），再下十四分（较佛减二分）至腕，由腕至中指尖是十二分，共为五十四分，左右合为一百零八分。

3. 明王像

明王像是佛、菩萨的忿怒像。根据佛教密宗的理论，佛和菩萨都有两种身：一是正法轮身，即是佛、菩萨由所修的行愿所得真实报身；二是教令轮身，即是佛、菩萨由于大悲而示现威猛明王之相。明是光明之义，密宗以智慧的光明摧破一切烦恼业障，所以称为明王。明王像一般是多面多臂，手持各种法物的忿怒相。如不动明王是毗卢遮那佛的忿怒相，降三世明王是阿閦佛的忿怒相，军荼利明王是多宝佛的忿怒相，六足尊是阿弥陀佛的忿怒相，金刚药又是不空成就佛的忿怒相。但也有非忿怒相的明王，如孔雀明王便是一面四臂，骑金色孔雀，住慈悲相的明王，是毗卢遮那佛的等流身。

一般明王除面相忿怒外，服饰如同菩萨像。手印也各有一定的仪轨。明王像的度量，上身如菩萨像，只是腹与胫各减四分之一（各十八分）。如佛身量为一百二十分，菩萨像是一百零

山西寿阳普光寺明王像

八分，明王像便是九十六分。其宽度由心至腋如菩萨像同为十分，只是由腋至肘减为十四分（少四分），由肘至腕为十二分（减二分），手仍是十二分，共四十八分，左右共九十六分。

4. 罗汉像

罗汉是梵语“阿罗汉”的略称，含有三义：一不生、二杀贼、三应供。就是依小乘佛教修养的方法进而得到破除烦恼、解脱生死轮回而决定得入涅槃的果证的出家弟子。阿罗汉的画像大约有三类：第一是众多罗汉的组合像，如十大弟子像（根据《维

山西沁水石室村西寺罗汉像

摩经·弟子品》所记的释迦如来的十大弟子)、十六罗汉像(根据《法住记》所记受释迦如来咐嘱长住世间的十六弟子)、五百罗汉等。十八罗汉像是从十六罗汉像发展而成，可能是中国画家增绘了《法住记》的作者和译者，但是很难考定。至于古画卷上所看到的四罗汉像、六罗汉像、十四罗汉像等都是十六罗汉像的残本。第二是由十大弟子或十六罗汉中选绘的单独一罗汉像，如迦叶像、须菩提像、富楼那像、宾头卢像，降龙罗汉、伏虎罗汉等。第三是画家任意写作，不拘尺度的画一比丘形象而题为罗汉，如岩居罗汉、赤脚罗汉、玩莲罗汉、罗汉出山、罗汉补衲等。就相好而言，罗汉像是顶无肉髻，相貌或老或少，或善或恶，以及美丑雅俗、怪异胖瘦、高矮动静均可任意写作。颜色可以赤黄白黑，唯须目端鼻正，身着僧衣切忌根残肢缺。至于量度标准则与菩萨的量度相同。

小乘行者有两种：一是罗汉，二是缘觉。罗汉亦称声闻，言其受佛教化闻声得度的；缘觉又称独觉，梵语是“辟支佛”，是生在无佛之世，自悟十二因缘的道理而得解脱生死轮回，证入涅槃的果位的；同属小乘，其画像也属于罗汉像之类。依据正规，独觉像是顶上微现肉髻，面目与佛同，身着僧衣，而量度与菩萨的量度相同。但是画家绘辟支佛像常与罗汉像同，任意作其形象而题作辟支佛而已。

山西阳曲北郁利佛堂寺罗汉像

5. 天龙八部像

天龙八部像亦即是鬼神像。天龙八部是指天、龙、药叉、乾闼婆（天乐神）、阿修罗（神）、迦楼罗（金翅鸟神）、紧那罗（天歌神）、摩睺罗迦（蟒神）。其中主要是天神像。这种像也有两类：一是佛经中具体举出名字的天神像，二是画家任意图绘的天神像。具体有名字的天神，如梵王、帝释（此二天是最初请佛说法，后来经常侍卫佛的）、摩醯首罗天（世界中最高的天）、摩利支天（道教所谓斗姆）、四大天王（东方持国天王，抱琵琶；

南方增长天王，持剑；西方广目天王，持蛇；北方多闻天王，托塔或抱伞)、龙王、鬼子母和九曜神（日、月、金、水、火、土、罗睺、计都)等。画家任意绘画的如佛像旁的飞天以及行道天王、过海天王、云盖天王、善神、护法神、坐神、立神等。

天神像的度量，全身长为九十六分。无颈项。面轮十二分，由下颚至心，由心至脐，由脐至胯各十二分，股十八分，胫十八分。发际、膝盖、足趺各三分。共为九十六分。宽度从心间横量至腋为十分。由腋下至肘为十四分，由肘至腕为十二分，由腕至中指尖为十二分，共为四十八分，左右合九十六分。

鬼神像中又有“侏儒量”，宽广各七十二分。面轮十二分与上同。由下颚至心，由心至脐，由趺至胯各十分。股与胫各十二分。膝盖、足趺各三分。其上无发，共七十二分。从心横量至腋为六分，由腋下至肘为十分，由肘至腕为八分，由腕至中指尖仍为十二分，共为三十六分，左右共七十二分。

6. 高僧像

高僧像都是佛教历史中的具体人物。其量度无有一定，纵广不等。一般可以身量为八十四分，而宽广为九十六分。也可以由画家任意绘画比丘形象以舒情意，如梵僧、渡水僧等。

迦陵和尚像

7. 曼荼罗画

“曼荼罗”是梵语，义为轮集。古译作“坛”或“轮坛”，是密宗修行时所供奉的佛像画。其形式或方或圆，在其中央画一佛或一菩萨像以为本尊。本尊的上下左右四方以及四隅各画一菩萨像，形成一俯视的莲花，其中央莲台上是本尊，周围八个莲瓣上各有一像，总成为中院。在此外周围又有一层或二层诸菩萨或护法诸天像，成为外院。绘画曼荼罗画，必须遵照各个本尊的经轨中所规定的仪则，不得改变。如依据《大日经》所绘的胎藏界曼荼罗，根据《金刚顶经》所绘的金刚界曼荼罗，一幅之中层层有众多佛菩萨，名为“普门曼荼罗”或“都会曼荼罗”，或“普门会曼荼罗”。其中有以药师佛、阿弥陀佛、观世音菩萨等为中心的比较简单的曼荼罗，名为“一门曼荼罗”或“别尊曼荼罗”。如居庸关石刻在其洞券顶上石刻佛画便是尊胜佛顶曼荼罗画。修密宗的人持诵显教经典，如《法华经》《仁王般若经》等而绘画成的法华曼荼罗、仁王曼荼罗等，总称为“经法曼荼罗”。

8. 佛传图

佛传图是绘画释迦牟尼佛一生教化事迹的图。可以多幅连续表其一生，或选画其中某一事迹，如说法图之类。释迦牟尼佛一生重要事迹，一般称为八相成道。对此有大小乘两种说法不同。大乘的说法：（一）从兜率天降，（二）白象入胎，（三）住胎说法，（四）右胁降生，（五）逾城出家，（六）树下成道，（七）初转法轮，（八）双林入灭。小乘的说法是没有住胎说法一相，而在出家之后、成道之前加降伏魔军一相。在我国西藏又有十二相成道之说，一、从人间上生兜率天，二、从兜率天降，三、入胎，四、出胎，五、善巧诸技艺，六、受用诸妃眷（五，六是赞美太子宫中的生活，文学武功都最精巧，享尽富乐），七、出家，八、修苦行，九、降魔，十、成道，十一、转法轮，十二、入涅槃。以上所叙成道相是属于成佛以前的相多，属于成佛以后的相少。又有八大灵塔之说，是以八个地区纪念佛一生的八件事迹：（一）佛生处——迦毗罗城龙弥僧园；（二）成道处——摩迦陀国泥连河；（三）转法轮处——迦尸国波罗奈城鹿苑；（四）现神通处（降六师外道）——舍卫城祇陀园；（五）从忉利天下处（成佛后上忉利天三月为母说法后下至人间）——桑伽尸国曲女城；（六）化度分别僧处——王舍城（提婆达多作破僧事，使僧众分裂为二处，由佛化度，复归和合）；（七）思量寿量处（佛思念将入涅槃——毗耶离城）；（八）入涅槃处——拘尸那城。至于佛传画集有明人依唐王勃《成道记》绘的《释氏源流》和清人绘的《释迦如来应化事迹》，这二画都有木刻本传世。一般绘画家、雕刻家所常选作佛传题材的有：

仙人布发掩泥得燃灯佛授记：

菩萨在忉利天宫说法：

白象形降神入胎；

右胁降生；

父王奉太子入天祠，天神起迎；

阿私陀仙为太子占相；

入学习文；

比试武术；

太子纳妃：

太子田间观耕后，树下静观；

太子出游四门，见老病死和沙门；

太子在宫闱中的生活，见妇女姿态深可厌患；

逾城出家：

六年苦行；

降魔；

成道；

梵天劝请说法；

鹿苑初转法轮，度五比丘；

降伏毒龙，度三迦叶；

游化摩竭陀国；

还回迦毗罗国，与父净饭王相见；

给孤长者奉献祇陀树园；

升天为母摩耶夫人夏三月说法后下降人间；

提婆达多以醉象害佛，佛调伏醉象；

摩竭陀国王舍城阿阇世王；

憍萨罗国舍卫城波斯匿王；

佛在摩竭陀国帝释岩为帝释说法；

教化伊罗钵龙；

佛在龙窟留影；

在双林入涅槃：

迦叶来礼佛，佛从金棺现双足；

八王分取舍利。

关于佛传的经典有《修行本起经》《太子瑞应本起经》《普曜经》《过去现在因果经》《佛本行集经》《众许摩诃谛经》《佛所行赞》等可以参考。其中品题即可采为画题。

9. 本生图

本生图是绘画释迦牟尼佛在过去生中为菩萨时教化众生的种种事迹。绘画家、雕刻家所常选用的本生题材有下列诸事：

雪山大士为闻半偈法以身奉罗刹（出《大涅槃经》卷十四）；

睒子菩萨孝养瞽亲，为王误射而得还苏（出《菩萨睒子经》《六度集经》）；

尸毗王以身贸鸽；

月光王以头施与婆罗门（上二均出《月光菩萨经》和《贤愚经》卷六）；

普明王为鹿足王所捉，请期七日，还来就死不妄语（出《智度论》卷四和《仁王般若经》）；

须达拏太子以子妻施婆罗门（出《智度论》卷十二和《太子须大拏经》）；

萨埵王子舍身喂虎（出《金光明经》卷四和《贤愚经》）；

慕魄太子十三岁之间为无言之行（出《太子慕魄经》）；

九色鹿王行忍辱（出《九色鹿经》）。

关于记佛本生的经典有《六度集经》《菩萨本缘经》《生经》《菩萨本行经》《大方便佛报恩经》《菩萨本生鬘论》《义足经》《五百弟子自说本起经》等可以参考。其中一一故事均可被选作绘画的题材。

10. 经变图

凡将佛经中所叙的故事绘为图画，名为经变相。佛传图和本生图也是根据佛经所说的故事而绘画的，也属于经变一类。但是因为内容是表达释迦牟尼佛今生或过去生中的事迹，所以别为佛传图和本生图。此外专门描绘某一经中一段或全部所说的内容，称为经变图。如根据《阿弥陀经》绘画极乐世界的情况叫作极乐净土变；根据《观无量寿经》绘画韦提希夫人被囚和观极乐世界十六观法，叫作观无量寿佛经变；根据《药师本愿经》绘画药师佛净土情况，叫作药师经变；根据《弥勒上生经》绘画弥勒菩萨在兜率天说法，叫作弥勒上生经变；根据《弥勒下生经》绘画弥勒成佛的情况，叫作弥勒下生经变；根据《华严经》所绘毗卢佛说法，或华藏世界，或善财童子五十三参，叫作华严经变；根据《维摩经》所绘十大弟子与维摩问答、文殊问疾、天女散花等，叫作维摩经变；根据《法华经》绘画佛说法相，叫作法华经变；根据《金刚经》绘画佛说法相，叫作金刚经变；根据《楞伽经》绘画佛说法相，叫作楞伽经变；根据《法华经·普门品》绘画观音普门示现三十二应相，叫作观音经变；根据《大悲心陀罗尼经》绘画大悲观音像，叫作大悲经变；根据《楞严经》绘画二十五圆通相，叫作楞严经变。此外绘地狱情况，叫作地狱变，等等。

11. 故事图

根据佛教历史中所记载的故事，绘画成图，叫作故事图。印度佛教史中有阿育王像。中国佛教史的故事，首先是摄摩腾取经图。又有石勒礼佛图澄图，也叫作石勒问道图，也叫作蕃王礼佛图，这是古人常画的。关于东晋的佛教故事有：支（遁）许（询）闲旷图，支遁三隽图，慧远虎溪三笑图，东林莲社图，生公说法图等。关于南北朝的佛教故事有：梁武帝翻经图，梁武帝与志公论法图，达摩渡江图，达摩面壁图，二祖调心图。关于隋唐的佛教故事有：隋文帝入佛堂图，玄奘取经图，五祖授衣图，庞居士图，丹霞访庞居士图。昌黎见大颠图，李翱访药山图，圆泽三生图，丰干与寒山、拾得天台说问图。宋代的佛教故事有：赞宁谱竹图，东坡留玉带图等。此外还有画家遣兴之作，如元赵孟頫的写经换茶图，明孙克弘的听经鸡图，刘廷美的上方游览图，赵璞的石梁飞锡图等，都是描绘当时的故事。

12. 山寺图

山寺图是佛画中的山水画，以描写山寺的风景为题材。可以根据佛经绘画与佛教有关的山水，如阿耨达池图、雪山佛刹图。但是主要的是绘画中国有名的，或当时与绘画家有特别渊

大觉卧游图

源的佛寺风景。古代的山寺图有白马寺宝台样、天宫寺等。唐宋人所绘有江心寺图、五台山图、峨眉山图。元人的狮子林图最有名。又有多宝塔院图。此外明代人所绘多是一时与寺僧馈赠之作，如金山寺图、南湖禅舍图、结庵图、肇林社图、治平山寺图、吉祥庵图、寒山寺图、金明寺图，清人有盘山十六景图、桃花寺八景图、栖霞寺图、会善寺图、云栖山寺图、镇海寺雪景图、香山寺图、云林寺图等。

13. 杂类图

杂类图是画家不根据经论，只是一时遣兴之作。如禅宗主张破除一切名相的执著，称为扫相，而画家便画作大象而一人用扫帚扫之，或用水洗之，题为扫象图，或洗象图。又如讥笑比丘的醉僧图。又如无关具体事实的讲经

妙峰山进香图

图、听法图、禅会图、参禅图、问禅图、解禅图、逃禅图、礼佛图、托钵图、绣佛图、三教图、佛道图、儒佛图、贝叶注经图、竹间持咒图、贝叶清课图、宣梵雨花图、香象归依图、羚羊献花图，这些都只属于杂类而已。

14. 水陆图

水陆法会，全名叫作“法界圣凡水陆普度大斋胜会”，是佛教中最盛大的宗教仪式之一。在举行水陆法会时，要在殿堂上悬挂种种宗教画，统称之为水陆画。水陆法会的缘起，一般

山西寿阳普光寺水陆画

传说是梁武帝梦中得神僧启示，醒后与宝志禅师研究，创作了仪轨，在金山寺最初举行。现在水陆画中还将此故事画成水陆缘起图，成为一幅。但水陆仪轨中所诵咒语都是唐代所译经咒，仪轨不会是梁代所撰。水陆法会是北宋神宗时才盛兴起来的，是由唐代密宗的冥道供和梁武帝的《慈悲忏法》综合组成。

水陆画并无一定的幅数，最多有二百幅，或一百二十幅，少则三十二幅或七十二幅。其中分上堂和下堂两部分。上堂之中有佛像、经典像、菩萨像、缘觉像、声闻像、各宗祖师像、印度古仙人像、明王像、护法鬼神像、水陆撰作诸大士像。下

山西沁水石室村西寺二十四尊天像

堂之中有诸天像、山岳江海诸神像、儒士神仙像、诸种善恶神像、阿修罗像、种种鬼像、阎罗王及鬼卒像、地狱像、畜生像、中阴众生像、城隍土地像。可以说水陆画是集释道画的大成。下堂画中诸天和诸神像大部杂有道教画。每幅的绘法章法虽不一定，人物可分可合，可多可少，但是每幅的画法都有一定的规矩，而且保持着唐宋的遗法。

四　绘曼荼罗的轨则

密宗最注重事相，所以密宗所供奉的曼荼罗画必须依照经轨所说的仪则如法绘画。密宗经典中常载有对本尊曼荼罗的画法。现在略引五经以示梗概：

唐阿地瞿多译《陀罗尼集经》卷二说作阿弥陀佛像法云："其作像法，先以香水泥地作坛，唤一二三好巧画师，日日洒浴，与其画师受八戒斋。咒师身亦日日洒浴，作印护身，亦与画师作印护身。咒师画师两俱不得犯戒破斋，不吃五辛酒肉之物。作坛中央着帐，四方着饮食果子，种种音乐供养阿弥陀佛。其画师著白净衣服，用种种彩色，以熏陆、安悉等香汁和之，不得用皮胶。咒师坐于坛外，面向西，画师面向东，咒师前着一香炉，烧种种香及散诸华。夜即燃灯。咒师作阿弥陀佛身印，诵陀罗尼咒曰：‘那谟阿梨耶，阿弥陀婆耶，怛他揭多夜，阿罗诃底，三藐三菩提耶，跢侄他，唵，阿密哩瓶，诃那诃那，萨婆波跛尼，陀诃陀诃，萨婆波跛尼，呜吽泮，莎诃。’次画师画佛像法用，中央着阿弥陀佛，结跏趺坐，手作阿弥陀佛说法印。左右大指无名指头各相捻，以右大指无名指头压左大指无名指头，左右头指中指小指开竖。佛之右厢作十一面观世音菩萨像，左厢作大势至菩萨像。”

唐菩提流志译《一字佛顶轮王经》卷一云：“此一字佛顶轮

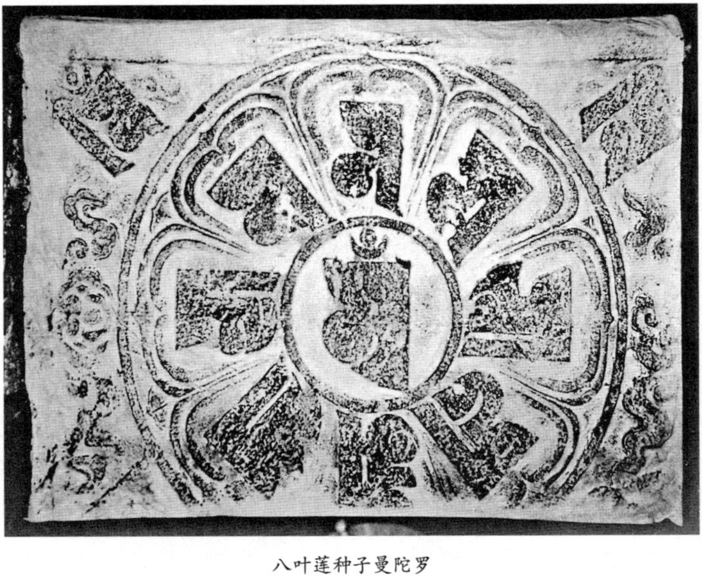

八叶莲种子曼陀罗

王像，是像无量殑伽沙俱胝诸佛同共宣说，于出世、世间一切变像，此像最上，利益一切障累有情。是像乃是一切如来神通变化，形容相好，冠缨衣服，运度一切罪垢有情登涅槃岸最三摩地。画斯像者，先曾人此顶轮王灌顶无胜法坛，于阿阇梨手授具足咒句印法，或复入于胜顶王坛已成就者，为阿阇梨印赞许可，求证出世大涅槃处。如是行人乃堪画像。正命令于净行婆罗门善信童女，或命大姓种族父母真正善信童女，教净护持，撚治织缝，莫粗恶丝持和织画，勿刀截断。阔量四肘，长量六肘；或阔三肘，长量五肘。若力不迨如是织作，亦任货求鲜净好者，勿还价直，货得物已，以净香水如法蘸浴，乃中图画。色盏新净，勿用皮胶。水调和彩色，用以香胶调色画彩。或取如来种族部中教法轨则，画像亦得。画是像者，当于一切佛神通月画饰庄采，所谓正月、五月、九月，则斯等月月初一日，或十五日起首画摸，其画像处，于佛堂殿，或于山间仙人窟处。是处占相方圆百步无诸臭秽，水复无虫，清洁净美。当所画地日日如法香水涂洒。其画匠人诸根端好，性善真正，具信五根。若画彩时授八戒斋，一出一浴，著新净衣，断诸谈论。先正当中画菩提树，种种宝庄枝叶花果（中略）。树下画释迦牟尼如来，备三十二大人相，八十妙好。身背圆光，坐师子座。结跏趺坐，作说法相。”

唐菩提流志译《不空罥索神变真言经》卷八云：“世尊，是不空王像三昧耶，当以白氎或细布上，或复绢上，方圆四肘，或方八肘。画匠画时一出一浴，以香涂身，著净衣服，食三白食，寂然断语，受八斋戒。盏笔彩色皆令净好，勿用皮胶调和彩色。当中画七宝补陀洛山，其山腰象须弥山腰，山巅九嘴犹若莲花，当中嘴状如莲花台。山上画诸宝树花果一切药草，山下大海水巾鱼兽水鸟之类。当中嘴上七宝宫殿种种庄饰，其宫殿地众宝所成，殿中置宝莲花师子座。其上不空羂索观世音菩萨，一面三目一十八臂，身真金色，结跏趺坐，面貌熙怡。首戴宝冠，冠有化佛，二手当胸合掌。”

唐不空译《金刚恐怖集会方广轨仪·观自在菩萨三世最胜心明王经·成就心真言品》云：“诵此真言，一一字满一洛叉（师云：三十五万），然后画像。应令童女于清净处织氎绢等，以帛复口，三时洗浴，身着白衣。供给织者饮食等人亦须清净，织以白线，机杼应新。诸难调伏信根不具足人，是恶流辈皆勿令见。于织处布散时花，转读大集经，令会画人当受八戒。缘像所市一依所索，勿与画者有争竞心。其绢氎等香水浸渍。蓝青雌黄及与紫矿，此中彩色，是等皆除，白色应用白檀、乌始罗、龙脑香等。黄色应用苜蓿香、萨计抳耶（百合代）龙等。赤色应用郁金香、紫檀等。黑色应用多迦罗花、青莲花、酥合香等。身分及乳皆不应用。画者护持禁戒，常思六念。先中央画菩提树，树下画阿弥陀如来，坐师子座，以二莲承，身金色，右手施无畏。佛左圣得大势至菩萨，佛右圣观自生菩萨。”

唐不空译《七俱胝佛母所说准提陀罗尼经》中准提佛母画像法云：“取不截白氎去毛发者，损于净壁。先应涂坛，以阏伽饮食随力供养。画师应受八戒斋，清净画像。其彩色中勿用皮胶。于新器中调色。应画准提佛母像，身黄白色，结跏趺坐，坐莲花上。身佩圆光，着轻縠。”

大乘佛教经典常赞叹绘画佛像的功德。如《贤劫经（卷一）四事品》中说：“作佛形象坐莲华上。若摸画壁缯氎布上，使端政好，令众欢喜，由得道福。”由此也可以知道印度绘画佛画的材料是以壁、缯、氎、布为主的。又《贤愚因缘经·阿输迦施土品》中说释迦如来过去生中由画佛像而感得成佛，涅槃以后，阿育王为造八万四千塔的果报。经中说：“过去久远阿僧祇劫，有大国王名波塞奇，典阎浮提八万四千国。时世有佛，名曰弗沙。波塞奇王与诸臣民供养于佛及比丘僧。四事供养，敬慕无量。尔时其王心自念言：‘今此大国人民之类常得见佛，礼拜供养；其余小国各处边僻人民之类无由修福，就当图画佛之形象，布与诸国，咸令供养。’作是念已，即召画师敕使图画。时诸画师来至佛边，看佛相好，欲得画之。适画一处，忘失余处。重更观看，复次下手，忘一画一，不能使成。时弗沙佛调和众彩，手自为画，以为模法，画立一像。于是画师乃能图画，都尽八万四千之像，极令净妙，端正如佛。布与诸国，一国与一。又作告下，敕令人民办具花香，以用供养。诸国王臣民得如来像，欢喜敬奉，如视佛身。如是阿难，波塞奇王，今我身是。缘于彼世画八万四千如来之像，布与诸国，令人供养。缘是功德，世世受福，天上人中恒为帝王，所受生处，端正殊妙，三十二相八十种好。缘是功德，自致成佛。涅槃之后，当复得此八万四千诸塔果报。”正是由于对绘画佛像功德的鼓励，因而佛画艺术就更得到了发扬。

漫谈大藏经

大藏经古代或称为一切经。是将由印度和西域传译到中国的大小乘经、律、论及贤圣集传汇编而成的一大丛书。在古代刻板技术尚未发明以前，一切经都是抄写的。写经是卷子式。专司写经的人称为经生。到宋代以后才有木刻本的大藏经。

佛教经论在中国的流传，经过历代的翻译，以至汇集、编次而逐步成为各种不同文字的大藏经，实在是一件伟大的事业。佛教从汉明帝时（一世纪中）传入中国以后，佛经翻译逐渐增多。但所译经典，在初期都是散在各地的。即以目录而论，或以人分，或依地分，或按时代，也都是分别记载，未经整理。到苻秦的释道安（314—385）才综集群经，纂成完整的目录，但是还未有一切经藏的编次。据僧祐《出三藏记集》所载《法苑杂缘原始集目录》中有《定林上寺建般若台大云邑造经藏记》《定林上寺太尉临川王造镇经藏记》《建初寺立般若台经藏记》。太尉临川王是梁武帝萧衍的儿子萧宏。大约经藏的建立是盛行于梁代（502）。到了梁武帝天监十四年（515）命僧绍撰《华林殿众经目录》，后二年（517）又敕宝唱改定，共一四三三部三七四一卷（见《历代三宝记》卷15）。这便是整理皇家所藏的经藏了。同时在北朝也有整理经藏之举。魏孝武帝永熙年中（532—534）舍人李廓撰《魏世众经目录》，共四二七部二〇五三卷。北齐武平年中（570—575）沙门法上也撰了《齐世众经目录》，共七八七部二三三四卷（见《历代三宝记》卷15）。自此以后，抄写经藏之风盛行。陈武帝（557—559）写一切经十二藏，文帝（560—567）也令写经五十藏，宣帝（569—582）又令写经十二藏。当时朝臣之中徐陵写经一藏，江总写一切经三七五二卷。在北朝，魏道武帝（386—408）早就令写一切经。司徒北海王元详和司牧高阳王元雍也书写一切经十二藏。这二人都是献文帝（441—475）的儿子。其后北齐孝昭帝（560）为他的父亲写一切经十二藏，共三八〇四七卷。齐广宁王高衍也写经三千余卷，北周刺史冯熙写一切经十六部。《广弘明集》中还载有周王褒撰《经藏愿文》，魏收撰《北齐三部一切经愿文》。

到了隋代（581—618），隋文帝敕写一切经四六藏一三二〇八六卷。隋炀帝曾建宝台经藏，并自撰愿文，新旧写经六一二藏。从这些记载上看，各地经藏的部数、卷数，尚未划一。仁寿二年（602）彦琮的《众经目录》，入藏见录有六八八部二五三三卷，这很可能就是宝台经藏的目录。

唐初贞观五年（631），太宗令苑内德崇寺、宜兴寺为皇后书写藏经，九年（635），又敕大总持寺僧智通、秘书郎褚遂良在苑内写一切经。十一年（637），太子李治在延兴寺写一切经。高宗显庆四年（659），西明寺也写成一切经藏。此后各大寺院都书写一切经藏。静泰的《东京大敬爱寺一切经论目录》有八一六部四〇六六卷。道宣撰《大唐内典录》中的《历代众经见入藏录》就是西明寺写经的依据，总八〇〇部三三六一卷。明佺的《大周刊定众经目录》有八六〇部三六二九卷。释智升的《开元释教录》中入藏目录增至一〇七六部五〇四八卷。这个数目成为唐宋藏经的基本数目。到贞元中（785—804）续修经录，入藏部帙增加了一三七部三四三卷。以上各经藏的编集，大概都是根据大乘经、大乘律、大乘论、小乘经、小乘律、小乘论、贤圣集传而分类编次的。各类经典的排列，在经目中通常用《千字文》的次序编排，每十卷为一帙，每帙顺序用《千字文》中一字为标号，以便寻检。每经抄写用纸张数也注明在目录之内，以便核对。所以通常说，汉文大藏经的编次是到唐代《开元释教录》才完备的。

到了宋初，雕板事业兴起，于是有木刻本的大藏经。从宋太祖时雕印大藏经开始，一千年之间，先后有二十余次刻本。到了现在，除清藏外，不仅原板无存，就是印造的藏经，也成为稀有名贵的文物。

统计大藏经的刻本可以分为两大类：一是汉文大藏经，二是少数民族语文大藏经。汉文大藏经又可分为国内刻本和国外刻本两种。今分别略述如下：

一　汉文大藏经

甲、国内刻本

宋开宝刊蜀本大藏经　简称开宝藏或蜀本藏。这是中国第一部刻本大藏，现在无全本，流传的零卷也极少。《佛祖统纪》卷四三宋太祖开宝四年（971）记云："敕高品、张从信往益州雕大藏经板。"又太宗太平兴国八年（983）记云："成都先奉太祖敕造大藏经，板成进上。"据《北山录》卷十注及《佛祖历代通载》卷一八记其板数凡十三万余板。日本《元亨释书》卷一六记日本一条天皇永延元年（987）奝然赍此藏经还日本，当时总数五〇四八卷。云其后屡经添补，最后积至六五三帙，六千六百余卷之多。装璜全是卷子式，每板二十三行，每行十四字或十五字。《佛祖统纪》卷四五真宗天禧三年记："十一年东女真国入贡，乞赐大藏经，诏给与之。”又卷四六仁宗嘉祐三年记：“西夏国奏国内新建伽蓝，乞赐大藏经，诏许之。”是知此藏在当时流布区域颇广。

宋婺州开元寺大藏经 婺州是今浙江金华市。此藏今不传。仅杨亿《武夷新集》卷六有太宗至道初于婺州开元寺印大藏之说而已。

宋契丹本大藏经 即是辽国所刻，简称契丹藏或辽本大藏（按：近年在山西应县木塔发现少数残卷）。其开雕年月，据辽僧觉苑《大日经义释演秘钞序》云：“自我大辽兴宗御宇，志弘藏教，欲及遐迩，敕尽雕镂，须人详勘。”《高丽史》卷八云：“文宗十七年癸卯（即辽道宗清宁九年，宋仁宗嘉祐八年，1063）三月契丹送大藏经至，王备法驾迎于西郊。”由此可以考知契丹藏始刻于兴宗，而完成于道宗之初。《金石萃编》卷一五三载志延《旸台山清水院创造藏经记》云：“印大藏经凡五百七十九帙。”比宋开宝藏之四八〇帙实增加九七帙。日本《东文选》卷一一二所载释宓庵《丹本大藏庆赞疏》称其“帙简部轻，函未盈于二百；纸薄字密，册不满于一千；殆非人功所成，似借神巧而就”。可以推测契丹本大藏，一部分是小字密行的。

宋福州东禅等觉院大藏经 此藏世简称崇宁万寿大藏或福州藏，东禅院本。是东禅等觉院住持冲真发起，创建印藏经院，以神宗元丰初（1078）开始（此藏题记最早的是元丰三年，但筹募想在此以前），经慧荣、冲真、智业、了元、智贤、契璋、普明等募集众缘，至徽宗崇宁二年（1103）始完成。今世所传东禅院本《华严经》卷八〇题云：“福州东禅等觉院住持慧空大师冲真于元丰三年庚申岁谨募众缘，开大藏经板一副，上祝今上皇帝圣寿无穷、国泰民安、法轮常转。”又《大般若经》题云：“于是亲为都大劝首，于福州东禅院劝请僧慧荣、冲真、智贤、普明等募众缘，雕造大藏经板，及建立藏院一所，至崇宁二年冬方始成就。”全藏自天字函至群字函，凡四七九函，与《开元释教录略出》所载大致相同，微有变更，并依《贞元新定目录》增入十经。但其后又陆续增刻开元以后入藏诸经。以诸经跋记考之，自元丰三年迄南宋孝宗淳熙二年总凡97年间，先后共刻成五八〇函一四四〇部六一〇八卷。板式是梵夹式，半页六行，每行十七字。每函附音释一帖。但自更字函以下十函，天台宗章疏是每行十九字。

宋福州开元寺大藏经　此藏世简称毗卢大藏，开元寺本，也称福州藏。福州两藏，国内已无全本，日本所存福州藏多是两藏配合而成。据此藏中《唐译华严经》卷八题记云：“福州众缘寄开元寺，雕经都会蔡俊臣、陈询、陈靖、刘渐，与证会住持沙门本明，恭为今上皇帝祝延圣寿，文武官僚同资禄位，雕造毗卢大藏经印板一副，计五百余函，时政和壬辰岁月日，劝缘沙门本悟谨题。”又谓字函《分别功德论》卷中题云：“福州开元寺住持僧传法慧海大师惟冲谨募开封府……从四百一函起，取至周圆。”又图字函《杂譬喻经》题云：“入内内侍省东头供奉宣干，办应天启运宫奉迎所武师说，恭为今上皇帝祝延圣寿，谨施俸资雕造毗卢大藏经板泾字至图字一十函。时绍兴戊辰闰八月日，福州开元禅寺住持传法慧通大师了一题。”又弁字函《华严经音义》卷上题云：“敷文阁直学士左朝议大夫川府路都钤辖安抚使知涂们军州提举学事兼管内劝农使赐紫金鱼袋冯檝，恭为今上皇帝祝延圣寿，舍俸添镂经板三十函补足毗卢大藏，永冀流通。劝缘福州开元禅寺住持慧通大师了一题。”统检全藏刊刻题记，自天字至勿字凡五六四函，始宋徽宗政和二年（1112），迄宋高宗绍兴二十一年（1151），凡四十年而后完成。全藏总为五九五函一四五一部六一三二卷。板式及书体与东禅院板相同，不及思溪藏的精巧。

宋安吉州思溪圆觉院、资福禅寺大藏经　安吉州即今浙江吴兴。此藏世简称思溪藏或湖州本，浙本，南宋本。依此本题记是湖州王永从等发愿，净梵、怀琛等劝缘，于思溪圆觉院刻板。宋高宗绍兴二年（1132）刻成，五五〇函。其开刻年月或在北宋时已经开始。前松坡图书馆藏有此藏，是清末杨守敬使日本时购回，今并归中国国家图书馆。此藏履字函《长阿含经》卷二二题云：“大宋国……王永从，同妻恭严氏；弟忠翊郎永锡，妻顾氏，侄武功郎冲充，妻卜氏；从义郎冲彦，妻陈氏；男迪功郎冲元，妻真氏；保义郎冲和，妻吕氏与家眷等，恭为祝延今上皇帝圣躬万岁，利乐法界一切有情，谨发诚心捐舍家财，开镂大藏经板，总五百五拾函，永远印造流通。绍兴二年四月日谨题。雕板作头李孜、李敏，印经作头密荣，掌经沙门法己，对经沙门仲谦、行坚，干雕沙门法祚，对经慈觉大师静仁，慧觉大师道融，赐紫修敏，都对证湖州觉悟教院住持传天台祖教真悟大师宗鉴，劝缘平江府大慈院住持管内掌法传天台教说法大师净梵，都缘住持圆觉禅院传法沙门怀琛。”又凤字函《妙法莲华经》卷七题云：“大宋国浙西路安吉州长兴县白乌乡奉三宝弟子因道舍财赎到法华经板七卷，舍入思溪圆觉禅院，补填大藏经字函……嘉祐三年二月日弟子因道政意旨。”又可字函《圆觉经》第二卷题云：“大寺大藏经仗蒙安抚大资相公赵给钱赎此经两序及诸经板字损失者重新刊补，务在流通佛教，利益群生。淳祐庚戌（1250）良月圆日住持释清穆谨题。”旧来传说圆觉院藏与资福寺藏是两个不同的刻本而其中资福寺藏刊刻源流不明。今考思溪各本题记多与圆觉院有关。可见资福寺板实在就是圆觉院板。至于两寺的关系尚难考定。其板式与福州板相同而体裁精美过之。全藏自天字函至最字函凡五九九函，一四五九部，五九四〇卷。

金解州天宁寺大藏经　解州即今山西解县。此藏世久不知名，1936 年始于山西赵城县广胜寺发现。因通称为金藏或赵城藏。明嘉兴藏的《刻藏缘起》中有陆光祖《募刻大藏经疏》，文中说：“昔有女子崔法珍断臂募刻藏经，三十年始就绪。当时檀越有破产鬻儿应之者。圣朝道化宏广，越前朝远甚，岂无胜心豪杰乎。”又《金史纪事本末》卷三〇中也说：“秘书省碑今在燕弘法寺……大定十八年潞州崔进女法珍，印经一藏进于朝。命圣安寺设坛为法珍受戒为比丘尼。二十三年赐紫衣宏教大师。明昌四年立碑石，秘书丞兼翰林修撰赵沨记，翰林侍讲学士党怀英篆额。”由此可知此藏是崔法珍所创始。就藏中题记考之，如《大般若经》卷五九题云：“解州夏县古乡赵村王德并妻李氏同发虔诚，谨舍净财大藏经板会下施钱二千余贯……乙亥十二月八日奉佛弟子王德。”又《地藏十轮经》卷一、卷八、卷九有记云：“绛州太平县吴翼，奉为亡父吴海，特发虔心，谨就天宁寺开雕大藏经板会下雕《地藏十轮经》一部一十卷……大金贞元三年四月二十五日吴翼施。”由此可以证明，当时是在解州天宁寺设立开雕大藏经板会主持其事的。题记之中所记刊刻年代最早的金皇统九年（1149），见日字帙《大般若经》卷八二末，文云："蒲州河津县第四都西母村，施雕大藏《般若经》□卷，都维那毋戬，维那王行者，助缘维那等毋忧，薛谨（人名略），奉为报答天龙八部四恩三有，法界众生同成佛果。皇统九年己巳岁。"最后为大定十三年（1173），见雁字帙《大乘智印经》末，文云："大定十三年三月日藏经会下重雕造。"其中间有天德、贞元、正隆、大定诸年号，历时三十年，亦与陆光祖之说相合。板式是复刻北宋开宝藏而增入若干经疏。装璜也是卷子式。全藏自天字函至几字函凡六八二帙。如与高丽藏对校，自天字函至轂字函凡五一〇帙的编次全与丽藏相同：自振字函至世字函前半凡二帙半是丽藏所无；自世字函后半至虢字函凡六七帙半，内容与丽藏同而编次有变易：自践字以下一〇一帙是丽藏所无，而与《至元法宝勘同录》大致符合。此经板雕刻在解州，但崔法珍既于大定十八年出家，又于二十三年赐紫及师号，其经板也就随之移入京师弘法寺。《金文最》卷一一一中有赵沨《济州普照寺照公禅师塔铭》，文中叙照公于大定二十九年在寺建立轮藏之事云："闻京师弘法寺有藏经板，当往彼印之，即日启行，遂至其寺，凡用钱二百万有畸，得金文二全藏以归。一宝轮藏，黄卷赤轴，□□□□□□殿中安置壁藏。皆□梵册，漆板金字以为严饰。庶几清众易于翻阅。"是照公所印两藏的装璜方式，一部是卷子式，一部是梵夹式。此板到元朝部分被毁，因有补刻之举。《辨伪录》卷四云："大元启祚，眷意法门，太祖则明诏首班弘护兹道，太宗则试经造寺补雕藏经。"耶律楚材《湛然文集》卷一四中有《补大藏经板疏》云："十年天下满兵埃，可惜金文半劫灰。欲剖微尘出经卷，随缘须动世间财。"《佛祖历代通载》卷二二亦引《弘教集》称元世祖尝因大都弘法寺旧藏经板校补印造颁行天下。是此藏经板确是移存入燕京弘法寺，元代曾经补刻，但是移存的经过难以详考了。

宋平江府碛砂延圣院大藏经　平江府是今江苏吴县，碛砂在吴县东南三十五里陈湖地方。此藏世简称碛砂藏或延圣寺藏，

大觉寺寺存辽咸雍四年（1068 年）刊立的阳台山清水院藏经记碑

其藏经目录卷上有宋理宗端平元年（1234）识语，文云：“干缘僧善成、可南、法灯、法如、法界、法超、志圆同募，本院藏主法忠化到，小比丘善源书，劝缘大檀越成忠郎赵安国，都劝缘住持释法音。”就经中题记考之，创刻时代约在宝庆绍定之间（1225—1228）。全藏自天字函至合字函凡五九一函，一五三二部，六三六二卷。板式全同湖州本。现存晋译《华严经》卷一五有记云：“资德大夫河南江北等处行中书省左丞朱文清，同男显祖等施财命工刊造大藏经板一千卷，舍入平江路碛砂延圣寺永远流通功德，专为祝延圣躬万安。大德五年（1301）九月日提调刊板僧法雷谨题。”又《大宗地玄文本论》卷四有管主八题记云：“近见平江路碛砂延圣寺大藏经板未完，遂于大德十年（1306）闰正月为始，施财募缘节续雕行，已及一千余卷。”由此可知此藏虽创刻在南宋而完成实在元代，或者是经过兵灾损失而元代补刻完足的。现在陕西西安存有此藏。

元杭州路余杭县大普宁寺大藏经 此藏世简称普宁藏或元藏。普宁寺为元代白云宗的寺院。其雕板为普宁寺住持道安、如一、如志、如贤等募缘，以思溪、福州二藏校勘付刊。始元世祖至元十四年（1277），迄至元二十七年（1290）雕造竣工。全藏自天字至约字凡五五八函，一四三〇部，六〇〇四卷。其中式字至遵字二八函秘密经部数未计在内。与思溪藏微有增减。

板式每半页六行，每行十七字。雕工甚精，板式较宋板略狭小。

元燕都弘法寺大藏经　旧传有此藏。但金藏既曾移存弘法寺，且在元初补刻。昔时不知有金藏，所以只知有弘法藏，而不得其传本。今既发现金藏，则昔时所称元弘法藏应即是指金藏而言，未必另有其板。河北曲阳县元太祖二十二年《觉辩大师（法）源公塔铭》中云："都城弘法寺补修藏经板，以师为提领，三年雕全，师之力居多焉。"（见《曲阳县志》）但据至元二十四年撰《至元法宝勘同录》而论，似已就弘法寺藏补订增刊，别成一藏矣。

元铜板大藏经　据《补续高僧传》卷一《法祯传》称："英宗即位，将以大藏经治铜为板，而文多舛误。诏选天下名僧六十员雠校，师与湛堂、西谷五人为总督。"又黄缙的《金华黄先生文集》卷四一所载《荣禄大夫司空大都广寿禅寺住持长老佛心普慧大禅师北溪延公塔铭》也说："英宗皇帝以禅师先朝旧德，每入见必赐坐，访以道要。命于永福寺与诸尊宿校勘三藏，将镂铜板以传后。"但是现在既无资料可考，当时曾否实际镂板，是否完成，均无从证明。

明洪武本大藏经　此即明南本大藏经的祖本，亦称初刻南藏。明洪武五年（1372）敕令于金陵蒋山寺开始点校藏经，至洪武三十一年（1398）刻成。板存金陵天禧寺，不久即被焚毁。

所以世间流传极少。全藏约有一六〇〇余部，七〇〇〇余卷，绝大部分是翻刻碛砂藏本。1934年在四川崇庆县上古寺发现此藏，共存六七八函。板式每半页六行，每行十七字。现移藏于成都人民图书馆。

明南本大藏经　此即世所称南藏。明永乐中重刊洪武本，而略有更改。板存金陵报恩寺。创刻年代约在永乐十年至十五年（1412—1417），刊成在永乐十七年（1419）。据《大明三藏圣教南藏目录》卷末所附请经条例中云：“此据报恩寺藏经板一副看得，原系圣祖颁赐以广印行。”全藏自天字函至石字函凡六三六函，一六一〇部，六三三一卷。板式每半页六行，每行十七字。

明北本大藏经　世简称北藏。是明成祖永乐十九年（1421）为报皇考皇妣生育之恩所刻，英宗正统五年（1440）完成。《大明三藏圣教目录》中有明英宗正统御制藏经序云：“我皇曾祖太宗体天弘道高明广运圣武禅功纯仁至孝文皇帝德全仁圣，道法乾坤……博采竺乾之秘典，海藏之真诠。浩浩乎，穰穰乎，缮书刊梓，用广传施，功垂就绪，龙御陟遐。洪庆所贻，传序暨朕，恭嗣大宝，统理万邦。追惟圣孝之隆，敢忘继述之务。大藏诸经六百三十六函，通六千三百六十一卷，成毕刊印，式遂流布。”卷数较南藏微增，编订亦互有出入，实有一六二一部。

板式每半页五行，每行十五字或十七字。至神宗万历间，神宗母慈圣宣文明肃皇太后又续刻入藏诸集，自钜字至史字凡四一函，四一〇卷。万历十二年神宗钦赐《御制续入藏经序》总计本续凡六七七函及目录一函，此即《明史·艺文志》所称："释藏目录四卷，佛经六百七十八函"是也。

明武林方册大藏经　此藏今不传，详情无考。仅据嘉兴藏《刻藏缘起》中所载道开《募刻大藏文》中有云："太祖高皇帝既刻全藏于金陵，太宗文皇帝复镂善梓于北京……后浙之武林仰承风德，更造方册。历岁既久，其刻遂湮。"又《杭州府志》余杭县化城寺纪云："万历中僧法铠主刻藏议，藏置化城，募金恢复。英方伯捐俸造藏板房二十余间。"武林为今杭州，化城又称恢复，此者是一是二，均难考定。

明嘉兴楞严寺方册本大藏经　世简称嘉兴藏，又称万历藏或径山藏，是密藏、道开等发愿，于万历末年于嘉禾（今浙江嘉兴）楞严寺所创刻，刻板地址多分在杭之径山。万历八年（1580）道开南游，始发刻藏大愿，十四年春于长安与居士十人商募缘事，自定北、南、旧三藏对校之则。初与幻予在五台山紫霞谷妙德庵开始，真可、德清及诸居士援助之。嗣于万历二十二年（1594）南迁杭之径山寂照庵。继而道开示寂，幻予代之。又二年，幻予亦示寂，后继其事者交叠相代，至弘光元年(1644)刻成。《刻藏缘起》中万历十四年冯梦祯《刻大藏缘起》云:“宋元间除京板外，如平江之碛砂，吴兴之某寺，越之某寺、某寺等俱有藏板，不啻七八副，法道之盛此其一端。迨国朝仅有两京之板而诸方之板尽废。北板稍精而藏于禁中，请印甚难。今江南诸刹所有皆景泰间敕赐物也。南板印造虽易而讹谬颇多，愈改愈甚，几不成读。然印造装璜，其价亦百金以上。以故山陬海隅，穷乡下邑，终年不见藏经者，可叹也。时密藏开师、尚书五台陆公与梦祯等，商及此事，不觉慨然堕泪。因记碛砂藏板缘始于弘道尼断臂募化。弘道化后，其徒复断臂继之。更三世其愿始满。吾侪丈夫不能深心荷担大法，镂板流通，反一女子之不若，即生清世，遇佛乘，空手入宝山，宁不愧死。遂合掌向佛，愿尽命为期，了此一段公案。又念梵夹烦重，愿易为方册。可省简帙十之七，而印造装璜之费不过四十余金。”全藏编次全依北藏，末附北藏缺而南藏所收者四部，总有二一〇函，一六五四部，六九三〇卷。板式每页二十行，每行二十字，其目录名曰《藏经板直画一目录》，于每经名下注明每部流通价值。后至清康熙五年又续集明清两代大德撰述如经疏、宗典、语录、史传、杂集等书，印雕成续藏经九五函，二四八部，约三八〇〇卷。又续藏经四七函，二三九部，约一八八〇卷。续藏第八四函《颛愚和尚语录》卷七有《刻方册藏经目录序》，文中称初发手于五台妙德庵，已刻就数百卷。顾冰雪积岁，恐侵及板，移于杭之径山。自紫柏老人去后，四方刻资亦微。因就施者之力，任力刻之。于是四方有道力者随讨未刻目录，同式就梓。自癸卯岁（万历三十一年）至壬午年（崇祯十五年）将四十年，梓未虚日，其事犹未竟。已刻者不及归山，未刻者懈不速完。时有利根上座遍讨径山、嘉兴、吴江、金坛诸处已刻成某某经律论、某某传疏记，录其名目卷帙板数一一查明。已刻者十之八九，未刻者十之一二。由此可知此藏原是散在各地所刻。

清大藏经　世简称龙藏。清世宗雍正十三年（1735）敕刻，至高宗乾隆三年（1738）十二月竣工。全藏总计一六六九部，自天字函至机字函凡七二四函。始自《大般若经》以迄西土贤圣撰集，全依明北藏编次，此土著述互有增减。板式每半页五行，每行十七字。据《大清三藏圣教目录》所载，当时主持其事是和硕庄亲王允禄，和硕和亲王弘画，以及校阅官三人，监督九人，监造六十四人，总率四人，带领分析语录三人，带领校阅藏经三人，分领校阅六人，校阅三十八人。

铅印频伽精舍大藏经　此藏是清宣统元年（1909）至民国二年（1913）春，上海外商哈同出资所印，依据日本弘教书院缩刷藏经，而稍省略纂集音义等书约十部。字体较弘教藏稍大而排植错误甚多，且略去其校勘注，可谓取舍失当。全藏四〇函，四一四册，凡一九一六部，总八四一六卷。

商务印书馆影印续藏经　此是1922年用日本藏经书院续藏经影印。

影印宋碛砂本大藏经　此是据陕西西安开元卧龙两寺所藏宋碛砂藏影印，凡五九三册，一五三二部，六三六二卷。原藏有残缺则取北京前松坡图书馆之宋思溪藏、番禺叶氏所藏宋景定陆道原本、南海康氏所藏元普宁藏、福州涌泉寺之元亦黑迷失本以及江苏南通狼山之明南藏补足之。自1931年10月创始，至1936年2月完成，原藏有三种板：（一）自菜字至感字，又自约字至烦字，是延圣院所募刻，始于宋绍定四年（1231），迄元至治二年（1322）。（二）自天字至奈字，是元至顺三年（1332）吴县妙严寺据延圣院及他藏《般若经》本复刊。（三）自武字至遵字，是元松江僧录管主八所刊，始于元大德十年（1306），迄翌年十二月。其中有缺本一一卷，因无补本，未曾补足。

乙、国外刻本

高丽本大藏经　世简称高丽藏，先后开雕板本有三：

（一）原刻高丽官板大藏经。其开雕年代传说不一，一般认为高丽显宗时所刻，《大觉国师文集》卷一五所载《诸宗教藏雕印疏文》有云："显宗雕五千轴之秘藏。"蔡忠顺撰《玄化寺碑阴文》亦云，显宗十一年（1020）顷，雕刻《大般若》《华严》《金光明》及《妙法莲华》四部大乘经。又《东国李柏国文集》卷七有重雕板时的《大藏刻板君臣祈告文》称，显宗二年（1011），契丹兵来袭，为借佛力以攘斥之，开雕大藏经。嗣后经德宗、靖宗二代，以迄文宗末年方始完成，其板式即是复刻宋开宝藏。（二）高丽续藏经。高丽宣宗七年（1090），义天由宋请来诸宗章疏三千余卷，旁求日本及契丹诸作、编纂成《新编诸宗教藏总录》，住兴王寺，从而刻板，刊行四千卷，是为高丽续藏经。其板与大藏经板同藏符仁寺。高宗十九年（1232）罹元兵燹，被烧毁。（三）高丽再雕板大藏经。高丽高宗二十三年（1236），李奎报等为祈折伏蒙古，重兴雕板之业。总十五载，至高宗三十八年（1251）刻成，即是用原板复刻，是为高丽再雕板。特建板堂藏之。《高丽史》卷二四云："壬子年城西门外大藏经板堂，率百官行香。显宗时，板本为壬辰蒙兵所毁，王与群臣更愿立都蓝，十六年功毕。"其板本后藏禅源寺。朝鲜太祖七年（1398）五月迁支天寺，翌年正月再移海印，以迄至今。全藏六三九函，一五二四部，六五五八卷。

日本弘安本大藏经　此藏雕刻之详情不明。据现存弘安本《传法正宗记》有跋云："日本国相州灵山寺续先师宴海未终愿，劝进沙门宝积，沙弥寂惠等谨题。今上皇帝，大皇大后，皇太后祝延圣寿，关东大将军家息延命，国泰民安，开镂大藏经印板副纳内。弘安十年（1287）丁亥九月日谨题。”又正安本《观无量寿经跋》云：“在弘安年中行圆上人承敕愿之旨，欲开一切经印板，而正安第二之历，林钟下旬之天，不终大功，遂归空寂。今十年依第三回之忌，知真为谢彼恩德，三部之妙典，五部之要义，抽恳棘开印板，是偏所备破追责也。虽弘一部于秽界之内，期再会于净刹之月而已。正安四年（1302）壬寅六月二十一日沙门知真。”此二跋所叙人名先后不同。疑在当时发愿刻藏，未必遂完成其业。

日本天海本大藏经　世简称天海藏或宽永寺藏、东睿山藏。日本僧正天海受德川家光之请，于日本明正天皇宽永十四年（1637）至后光明天皇庆安元年（1648）在江户宽永寺开雕，先后历十二年始成。全是活字板，板式大体仍仿思溪藏。装璜是梵夹式。全藏六六五函，一四五三部，六三二三卷。

日本黄檗山大藏经　世简称铁眼藏或黄檗藏。是铁眼道光禅师于日本宇治黄檗山自灵元天皇宽文九年（1669）至天和元年（1681）所刻。全藏凡一六一八部，七三三四卷。初在黄檗山创刻，隐元禅师请于寺内建筑宝藏院，为贮经板之所，别于京都置印房，从事刻工。广募有缘。时值饥馑，以所募财救济贫民，重更新劝募。先后三次，方始达成。今板存万福寺。此藏是复刻明万历嘉兴方册藏而有所增补。行式完全相同，因此错误脱落亦仍其旧。京都法然院忍微曾于宝永三年（1706）至七年（1710），历时五载，用高丽藏三次复勘。又越前之顺艺亦于文政九年（1828）至天保七年（1836），经时十一载，亦三次用高丽藏校勘之。

日本弘教书院大藏经　此简称缩刷藏经或弘教藏。是日本明治十三年（1880）至十八年（1885）用铅字排印。以增上寺所藏高丽藏为底本，与宋、元、明藏校勘，标注其异同，加以句读，并互补遗缺。全藏四〇函，一九一六部，八五三四卷。校勘尚称精审，可为研究之助。

日本藏经书院大藏经　此藏简称卍字藏，是日本明治三十五年（1902）至三十八年（1905）日本京都藏经院铅印，凡有三六函，一六二二部，六九九二卷。原本是日僧忍微所校日本黄檗藏，加以训点。铅字较弘教藏为大。书成未久，藏经书院不戒于火，存书被毁，因此流传不多。

日本藏经书院续藏经　又称卍字续藏，共一五〇函。是藏经书院于铅印黄檗藏完成之后，为纪念日俄战争阵亡将士于日本明治三十八年（1905）至大正元年（1912）印行。内分一编、二编、二编乙共三编。总有十门：一、印度撰述有经、律、论、密经仪轨四部，二、支那撰述有大小乘释经、大小乘释律、大小乘释论、诸宗著述、礼忏、史传六部。收集约九百五十余人之著作，为书一七五六部，七一四四卷，支那撰述中，多是南北朝以至隋唐以来各宗名著而汉地久佚之本。但印行未久，藏经书院不戒于火，存书悉成灰烬，因此流传甚少。商务印书馆曾用原本影印，再次流通。

日本大正新修大藏经　简称大正藏。是日本高楠顺次郎与渡边海旭同发起，成立大正新修大藏经刊行会主持其事，自日本大正十三年（1924）至昭和九年（1934）完成。初次出版五五函为印度与支那撰述，即是正藏全部及选收藏经书院续藏经中一部分要籍。后又续出四五函，其中日本著述三〇函、图像一二函、目录三函。总成一〇〇函。前五五函中分为阿含、本缘、般若、法华、华严、宝积、涅槃、大集、经集、密教、律、释经论、毗昙、中观、瑜伽、论集、经疏、律疏、论疏、诸宗、史传、事汇、外教、目录等部。后三〇函中分续经疏、续律疏、续论疏、续诸宗、悉昙、古逸、疑似等部。总有三四九三部，一三五二〇卷。敦煌经卷古逸之本亦多收录。图像之中尤多名作。所惜者错字错句颇多，收续藏经中名著亦不完备，分类方法尚欠斟酌，此其缺点。

二　少数民族语文大藏经

元刻西夏文大藏经　宋仁宗景祐元年（1034）西夏国王元昊得宋本大藏经，设蕃汉二字院，造西夏文字，请回鹘僧翻译全藏。当时有无刊本，不可知。而世传刻本则是元成宗大德中所雕。现存碛砂藏《大宗地玄文本论》卷三后有题记，略云："管主八誓报四恩，流传正教，累年发心印施汉本大藏经五十余藏……钦睹圣旨，于江南浙西道杭州路大万寿寺，雕刊河西字大藏经板三千六百二十余卷，华严诸经忏板，至大德六年（1302）完备。管主八钦此胜缘，即造三十余藏及华严大经、梁皇宝忏、华严道场忏仪各百余部，焰口施食仪轨千有余部，施宁夏永昌等路寺院永远流通。"所云河西字即西夏字。现今西夏文全藏已不可得，各地所发现之残卷约可得经论数十种而已。

西藏文大藏经　西藏于唐初，即7世纪末，端美三菩提造西藏文字，译出百拜忏悔经，是为翻经之始。至八世纪以后，吃嘌奴提赞王、乞嘌倈巴瞻王时代，大夏及印度等地僧侣，积那弥多、湿连怛罗菩提等学者，相次入藏，加以西藏翻译官宝护等从事翻译梵语经典，并且统一译语，改订旧译，梵本所缺，则由汉文、于阗文中重译补足。以后继续译业，前后印藏译师凡三五〇人，译出佛教典籍四千四百余部。八世纪末，穆地赞布王时，嘎瓦巴哉最初造作目录，其后至十五世纪末又有察巴和布顿各编定目录。全藏总分为两部：一、丹珠尔，义为佛部，亦称正藏，其中为经律及密经等。二、甘珠尔，义为祖部，亦称续藏，其中为释经论、中观瑜伽诸论传记及西藏重要撰述。其刻板元皇庆二年(1313)至延祐七年(1320)。却丹热尺之弟子，江阿嘎布由汉地获得资财，与罗萨桑结绷、松南窝塞、江楚绷译师搜集各地经律并秘经，校勘付刻，是称为奈塘古板，其板及印本今均不传。其后相次雕刻有：理塘板、德格板、奈塘板、卓尼板、巴那克板、塔尔寺板、昌都板、永乐板、万历板、北京板、拉萨板等。

1. 理塘板　是释迦坚赞等在江峪所刻，但有甘珠尔。1908年毁于兵燹。

2. 巴那克板　在不丹首都巴那克，但有甘珠尔。今佚失。

3. 塔尔寺板　在青海塔尔寺，但有甘珠尔。今佚失。

4. 昌都板　在昌都寺，但有甘珠尔。今佚失。

5. 永乐板　是明成祖永乐八年（1410）在汉地据奈塘古板复刻。

6. 万历板　是明神宗万历三十三年（1605）重刻永乐板，此二板久已毁失，印本亦极少。

7. 北京板　是清圣祖康熙二十二年（1683）在北京所刻。先依西藏霞卢寺之底本刻甘珠尔，至世宗雍正二年（1724）更刻丹珠尔。以是硃印，故世简称赤字板。板毁于清德宗光绪二十六年（1900）庚子之役。

8. 卓尼板　存青海卓尼，是玛色尔衮普王于康熙六十年（1721）至乾隆十八年（1753）在甘肃临潭县南卓尼大寺开雕，其中丹珠尔是复制德格板。20 世纪 40 年代毁于火。

9. 奈塘板　正续藏是 1730 年（清世宗雍正八年）和 1742 年（乾隆七年）第七世达赖所造，依古板为底本，据察巴、布顿等目录增补而成。其板今存臧洲之奈塘寺。

10. 德格板　正续藏是 1730 年（清雍正八年）和 1737 年（乾隆二年）西康之德格王所刻。其中甘珠尔依理塘板，丹珠尔依霞卢金殿藏本为底本，增补布顿目录所载诸典。其板今存四川德格县德格印经院。

11. 拉萨板　是第十三世达赖所刻，刊于 1933 年。仅有甘珠尔。

12. 库伦板　是 1920 年在库伦（今蒙古人民共和国首都乌兰巴托）复刻德格板。

蒙文大藏经　蒙古文大藏经是十四世纪初（元成宗大德间）西藏萨迦派大德法光大师与西藏、蒙古、汉、回鹘诸僧自西藏文译成，后在西藏雕板。至十七世纪时（明神宗万历间）又有所补译。现存蒙文大藏经是清代所整理。据其汉文序中所说，甘珠尔是清康熙中译，丹珠尔是乾隆六年(1741)到十四年(1749)所译，亦即同时所刻。

满文大藏经　满文大藏经是清康熙中善慧法日大师自蒙文、藏文中译出甘珠尔，其后渐次翻译。至清高宗乾隆三十八年（1773）时雕板，于乾隆五十五年（1790）完成。

总计以上所述，汉文大藏经板中凡卷子本有二，梵夹本有十六，方册本有二，铅印本有五，影印本有二，都有二七种，而少数民族语文大藏不在其数，每部藏经的刻板都在十万以上。当时雕刻所费的功力实在是浩大的。现在除《龙藏》板尚存，余皆消失，而遗留下来的印造经本，完全无缺的也不多见了。

在宋元时代，由于大藏经部帙浩繁，刊刻不易，各地又有刊刻或印造四大部小藏之举，就是以《大般若经》六〇〇卷，《大宝积经》一二〇卷，《华严经》八一卷（唐译八〇卷附《普贤行愿品》一卷），《大般涅槃经》四〇卷，总八四一卷为一小藏。《佛祖统纪》卷四七说，绍兴二十三年冯檝以俸资造大藏经四十八所，小藏四大部者亦如其数。注云："世以《华严》、《涅槃》、《宝积》、《珠林》为四大部。"《珠林》是当时用来代替《般若》大部的。辽代房山石经有《四大部成就记》，即指《华严》

《涅槃》《宝积》《般若》。

元福建建阳县后山报恩万寿堂毗卢藏，也是指此四大部而论。后山报恩万寿堂是元代白莲教的根据地。据现存《华严经》卷二八题记，此藏是延祐二年（1315）报恩万寿寺嗣教陈觉琳募众雕刻，而推吴国公亦黑迷失为都大劝缘。题记中自称为毗卢大藏。但据现在福州鼓山涌泉寺存有毗卢藏《大般若经》《大宝积经》《大般涅槃经》，山西太原崇善寺有毗卢藏《华严经》残卷，此外更无他经发现。似当时只刻四大部而止。

元湖州吴兴妙严寺，据牟献《湖州妙严寺记》（赵孟頫书），为宋嘉熙间（1237—1240）是庵住上人所创，曾刊《华严》《法华》《宗镜》诸大部。宝祐五年（1257）是庵卒，古山道安继之。元至元间道安两至阙廷，凡申请皆为法门及刊大藏经板，悉满所愿。此中所称大藏经板虽不知指何板，但可知元代刊藏是与道安的申请有关的。现存妙严寺本《华严经》末有至顺三年（1332）妙严寺经坊题记云："曩因《华严》板行于世，继刊《涅槃》、《宝积》、《般若》等经。"是道安继是庵之后，刻成了四大部，而且是据大都的弘法藏，南山的普宁藏，福州的东禅藏，吴兴的思溪藏，平江的碛砂藏重复校勘而刊行的。

漫谈变文的起源

中国的小说起源于唐时佛教俗讲的变文，这是现代研究民间文学者所公认的。但是变文之兴并非偶然，必定还有其根源。为了研究变文的兴起，第一须明白佛经的体例，第二须推求六朝时期佛教通俗化的方式。佛经的体例有十二种，就是所谓“十二部经”。十二部经中从文体来分的有三类:（一）长行，又叫作契经，即是经中直说义理的散文;（二）重颂，又叫作应颂，即是重复叙述长行散文所说的诗歌;（三）伽陀，又叫作偈颂，即不依长行而孤起直叙事义的诗歌。从内容来分的有九类:（一）因缘，即是叙述当时事实的文字;（二）本事，即是叙述他人过去生中事实的文字;（三）本生，即是佛陀自说过去生中事实的文字;（四）未曾有，即是叙述种种奇特事实的文字;（五）譬喻，即是用浅近的譬喻阐明深奥哲理的文字;（六）论议，即是往返问答法理的文字;（七）自说，即是佛无问而自说法理的文字；（八）方广，即是叙述广大真理的文字；（九）授记，即是叙述他人未来世中成佛事实的文字。从文体上来说，佛经为了反复说明真理，多半是长行与重颂兼用的。这些重颂与偈颂是可以歌唱的。但是歌唱的音韵与印度一般歌曲的音韵不同，而是须要用梵音的。《毗尼母经》中说："有一比丘去佛不远立，高声作歌音诵经。佛闻，不听用此音诵经。有五过患同外道歌音说法：一、不名自持，二、不称听众，三、诸天不悦，四、语不正难解，五、语不巧故义亦难解，是名五种过患。"梵音的声调，据《长阿含经》中说："其有音声五种清净，乃名梵声。何等为五？一者其音正直，二者其音和雅，三者其音清彻，四者其音深满，五者周遍远闻。具此五者乃名梵音。"梁慧皎《高僧传》卷一五云："昔诸天赞呗，皆以韵入弦管，五众既与俗违，故宜以声曲为妙。"这都是关于佛教诵经是有声调而又与一般歌曲不同的明证。

《高僧传》

佛经的重颂与偈颂既然是能歌唱的，但是译成汉文以后，因为限于字义，便不可能歌唱了。

《高僧传》卷一五中说："梵音重复，汉语单奇。若用梵音以咏汉语，则声繁而偈迫；若用汉曲以咏梵文，则韵短而辞长。是故金言有译，梵响无授。"这不能不算是一大缺点。所以在佛教传来不久之后，便有人创造了"梵呗"，用印度的声律制成曲调来歌唱汉文的偈颂。《高僧传》卷一五中说："天竺方俗，凡是歌咏法言皆称为呗。至于此土，咏经则称为转读，歌赞则号为梵呗。"转读与梵呗同是有声调的，但是转读不入曲，而梵呗入曲。最初创造的梵呗，是魏陈思王曹植在东阿鱼山删治《瑞应本起经》所制成的鱼山呗。《高僧传》说其呗"传声则三千有余，在契则四十有二"。一契便是一个曲调，四十二契是四十二个调子联奏。同时在吴国有支谦，依《无量寿经》《中本起经》制成菩萨连句梵呗三契，康僧会传泥洹呗声，清靡哀亮，为一代模式。东晋建业建初寺支昙籥制六言梵呗。梁时有西凉州呗，源出关右而流行于晋阳。据《高僧传》卷一五说："凡此诸曲并制出名师。"但是又说："后人继作多所讹漏。或时沙弥小儿互相传校，畴昔成规殆无遗一。"从以上所引《高僧传》的记载，我们可以看出在六朝时，佛教通俗之法有咏经与歌赞二种方式。做这种工作的称为"经师"。此外还有"唱导"一种。梁慧皎作《高僧传》时，原只拟有八科，后来又增加经师与唱导两科。在卷十三《唱导篇论》中说："经导二伎虽云为末，而悟俗可崇。"在《经师篇》

中记载各传，如晋中山帛法桥“少乐转读”，“作三契经，声彻里许，远近惊嗟，悉来观听。尔后诵经数十万言，昼夜讽咏”。又有建初寺支昙籥“特禀妙声，善于转读”。“裁制新声，梵响清靡，四飞却转，反折还弄”。他的弟子法平、法等“共传师业，响韵清雅，运转无方”。东安严公讲经时，法等作三契经竟。严公说：“如此读经，亦不减发讲。遂散席。”第二日才另开题。由此可见当时讲经之前是先要唱咏的。所谓三契经就是歌咏三段经文。此外善梵呗的，宋时有僧饶，善三《本起》及《须大拏》，“每清梵一举，辄道俗倾心”。有道慧“偏好转读，发响含奇，制无定准，条章析句，绮丽分明……转读之名大盛京邑”。有智宗则“升座一转，梵响干云”。齐时有昙迁“巧于转读，有无穷声韵”。昙智也“雅好转读，虽依拟前宗而独拔新异，高调清彻”。僧辩传古“维摩一契，瑞应七言偈一契，最是命家之作”。辩的弟子慧忍制瑞应四十二契。忍有弟子四十余人。昙凭“诵三《本起经》，尤善其声”。传中还批评那些声调不好的说：宋时有慧宝、道证“丰声而高调，制用无取焉”。传末又附列齐代经师八人，每人各有两句评语。足见六朝在通俗方面是很考究韵调的。

经师以讽咏佛经为主，唱导是以歌唱事缘为主，二者之不同，是由于歌咏的内容有异。《高僧传》卷一五《唱导篇论》中说“佛法初传，于时齐集，止宣唱佛名，依文致礼。至中宵疲极，事资启悟，乃别请宿德升座说法，或杂叙因缘，或傍引譬喻。”又说：“谈无常则令心形战栗，语地狱则使怖泪交零，征昔因则如见往业，覆当果则已示来报，谈怡乐则情抱畅悦，叙哀戚则洒泪含酸。”由此可以推测唱导的内容是很广泛的，可以是佛经中的故事，也可以是中土相传的故事。论中又批评当时唱导的弊病说：“综习未广，谙究不长，既无临时捷辩，必应遵用旧本。然才非己出，制自他成，吐纳宫商，动见纰缪。”既云“遵用旧本”，可见到了齐梁之世唱导已有专文。又云：“吐纳宫商”，可见唱导也是有声调的。传中所叙宋齐唱导名师，如宋世道照“以宣唱为业，音吐嘹亮”。昙颖“诵经十余万言，……属意宣唱，天然独绝。凡要请者，皆贵贱均赴，贫富一揆”。慧璩“尤善唱导，出语成章，动辞制作，临时采博，罄无不妙”。昙宗“唱说之功独步当世”。齐世道儒唱导时，“言无预撰，发响成制”。慧重“专当唱说……言不经营，应时若泻”。

到了梁陈之世，经师与唱导便合流成为一致了。唐道宣撰《续高僧传》便合为杂科声德一篇，是其明证。传中所记，陈世有慧明吐言惊世，闻皆讽之。《续高僧传》卷八北齐真玉传称其“及年七岁，教弹琵琶，以为穷乏之计。而天情俊悟，聆察若经，不盈旬日便洞音曲。后乡邑大集，盛兴斋讲，母携玉赴会，一闻欣领曰：若恒预听终作法师，不忧匮馁矣”。由此可见在北国唱导也盛行，而且唱导法师是很受欢迎、多有供养的。又《续高僧传》卷九亡名传云：“弟子僧琨，性沉审，善音调，为隋二十五众读经法主。”这也证明到隋时转经与唱导的风气更普遍。隋世有法称“诵诸经声，清响动众”，“又善披导”。隋文帝因此敕正殿常置经座，日别差读经，声声不绝。智云亦善经呗，“每执经对御，响震如雷”。法韵“偏工席上，诵诸碑志及古导文百有余卷，并王僧孺等诸贤所撰。至于导达善能引用，又通经论七百余契。每有宿斋，经导两务并委于韵”。又有立身与善权二人，炀帝时，献后崩，下令宫内行道，善权与立身“分番礼导。既绝文墨，唯存心计。四十九夜总委二僧，将三百度言无再述。身则声调陵人，权则机神骇众。或三言为句，便尽一时，七五为章，其例亦尔”。法琰“取《瑞应》依声尽卷，举掷牵进，啭态惊驰”。慧常“以梵呗之功住日严寺，尤能却啭，弄响飞扬，长引滔滔，清流不竭”。道英、神爽亦以声梵驰名。道英“喉嗓伟壮，词气雄远”；神爽“唱梵弥工长引”。从这些传记内，也可略知当时经导两方面的情况。在道宣《续高僧传》卷三十声德论中还批判当时经师的流弊说：“经师为德，本实以声糅文，将使听者神开，因声以从回向。顷世皆捐其旨，郑卫珍流，以哀婉为入神，用腾掷为清举，致使淫音婉娈，娇弄颇繁。”批评唱导的流弊说：“学构疏芜，时陈鄙俚。褒奖帝德乃类阿衡，赞美寒微翻同旒冕。如陈满月，则曰圣子归门，迷略璋弧，岂闻床几。若叙闺室则诵窈窕纵容，能令子女奔逃尊卑动色，僧伦为其掩耳，士俗莫不寒心。”由此也可见当时的唱导，除了几位名家之外，一般的内容是很粗俚的。这又何怪发展到唐时俗讲如文溆之流了。宋赞宁撰《宋高僧传》卷二十九有《法真传》，称真于穆宗长庆间讲导之余，吟咏性情，并赞其“德望实唱导之元”。又卷三十有后唐《无迹传》，称其“言行相高，复能唱导”。宋僧传所记仅此，也可以推出由于俗讲兴而唱导衰废了。在卷二十九《慧凝传》中并且说凝于冥府见元魏时昙谟最，因唯好讲导不能禅诵，而受冥罚的故事。可见此时俗讲式的唱导，已经受到了鄙视了。

在六朝的时候，佛教通俗既用转读与唱导两种方式，当时转读是用原经文的，因为经典大都是六朝的翻译，译文与当时口语没有多大距离。讽咏原文，一般士俗还可能了解。到了中唐以后，民间的口语有了转变，讽咏原文是不能使人听懂的。于是不得不将经文译成唐代的俗语，这就成为变文了。佛经的体裁既然是长行与重颂兼用，自然在变文中也是散文与韵文兼用，而说唱同时了。在现在所发现的变文之中有的是演绎佛经的，有的是叙述中国历史中故事的。但既同是在敦煌经卷中所发现，二者必然都是僧侣所习用。就上文看来，可以假定，那演绎佛经的变文是经师用的，那叙述史事的变文是唱导用的。经导二者既然在隋唐已经合流，当然二者是同时而不可缺一的了。

漫谈罗汉

一　十六罗汉

十六罗汉是释迦牟尼佛的弟子。据经典说，他们受了佛的嘱咐，不入涅槃，常住世间，受世人的供养而为众生作福田。古代译品中如北凉道泰译的《入大乘论》说："尊者宾头卢、尊者罗睺罗，如是等十六人诸大声闻散在诸渚……守护佛法。"但是未列举出十六罗汉一一的名字。此外，西晋竺法护译（一云失译）《弥勒下生经》云："所谓大迦叶比丘、军屠钵叹比丘、宾头卢比丘、罗云比丘，汝等四大声闻要不般涅槃，须吾法没尽，然后乃当般涅槃。"东晋失译《舍利弗问经》也说："我去世后摩诃迦叶、宾头卢、君徒般叹、罗睺罗四大比丘住不泥洹，流通我法。"隋智𫖮《法华经文句》卷二即根据此说云："佛敕四大罗汉不得灭度，待我法灭尽。由是住持于今，未得入无余涅槃。”而唐湛然《法华文句记》解释此文却云：“准《宝云经》第七，佛记十六罗汉令持佛法，至后佛出方得入灭。彼经一一皆列住处、人名、众数等。故诸圣者皆于佛前各各誓言：我等以神力故弘护是经，不般涅槃。宾头卢、罗云在十六数，却不云迦叶。”今勘现本《宝云经》有两译，一是梁代曼罗陀仙译，一是梁代曼陀罗仙共僧伽婆罗译，都无此文。只是僧伽婆罗译本卷七末没有一般经典惯例的“信受奉行”的文句，或者现本的经文有所缺失，这就难以考定了。现在所有的十六罗汉的典据是依唐玄奘译《大阿罗汉难提密多罗所说法住记》。难提密多罗，此云庆友，是佛灭后八百年时师子国（即今斯里兰卡）人。

《法住记》中说：第一尊者宾度罗跋惰阇（Pindolabharadvaja），与自眷属千阿罗汉多分住在西瞿陀尼洲；第二尊者迦诺迦伐蹉（Kanakavatsa），与自眷属五百阿罗汉多分住在北方迦湿弥罗国；第三尊者迦诺迦跋厘惰阇（Kanaka-bharadvaja），与自眷属六百阿罗汉多分住在东胜身洲；第四尊者苏频陀（Suvinda），与自眷属七百阿罗汉多分住在北俱卢洲；第五尊者诺距罗（Nakula），与自眷属八百阿罗汉多分住在南赡部洲；第六尊者跋陀罗（Bhadra），与自眷属九百阿罗汉多分住在耽没罗洲；第七尊者迦理迦（Karika），与自眷属千阿罗汉多分住在僧伽荼洲；第八尊者伐阇罗弗多罗（Vajaputra），与自眷属千一百阿罗汉多分住在钵剌拏洲；第九尊者戍博迦（Svaka），与自眷属九百阿罗汉多分住在香醉山中；第十尊者半托迦（Panthaka），与自眷属千三百阿罗汉多分住在三十三天；第十一尊者罗怙罗（Rahula），与自眷属千一百阿罗汉多分住在毕利刚飏瞿洲；第十二尊者那伽犀那（Nagsaena），与自眷属千二百阿罗汉多分住在广半度波山；第十三尊者因揭陀（Ingata），与自眷属千三百阿罗汉多分住在广胁山中；第十四尊者伐那婆斯（Vanavasin），与自眷属千四百阿罗汉多分住在可住山中；第十五尊者阿氏多（Ajita），与自眷属千五百阿罗汉多分住在鹫峰山中；第十六尊者注荼半托迦（Cuda-panthaka），与自眷属千六百阿罗汉多分住在持轴山中。

自《法住记》译出以后，十六罗汉受到佛教徒的普遍尊敬赞颂。现存敦煌唐人写经中还存有《第八尊者伐阇罗弗多罗》《第十尊者罗护罗颂》二首，每首七言八句（见《敦煌杂缀》下）。此外还有《十六大阿罗汉因果识见颂》一书，题云“天竺沙门阇那多迦译”而不记时代。前有宋范仲淹序云：“庆历中宣抚河东，宿保德冰谷传舍，于堂檐罅间得之，因于府州承天寺命僧别录藏之。于戊子岁（1048）有江陵僧慧哲又出其藏本，称得之于武陵僧普焕，宝之三十余年云云。”书中记十六阿罗汉各各为摩拏罗多说自所证“因果识见”，各有七颂，总有一百十二颂。

唯文义浅薄，其为宋代汉地民间伪造无疑，就此亦足见当时民间对十六罗汉崇奉之广。在《秘殿珠林》还载有唐人画十六应真图，卷后附宋姜夔跋，完全引用了此颂，可见这《因果识见颂》在宋时是相当流行的。

关于十六罗汉的图像方面，《宣和画谱》卷二载梁张僧繇有十六罗汉像一幅。他是否根据北凉道泰译的《入大乘论》，或者如湛然所说《宝云经》的记载而画，难以考定，但是我们知道当时佛教界对十六罗汉的崇奉并不普遍。唐玄奘译出《法住记》以后，到乾元中卢楞伽特爱好作十六罗汉像，《宣和画谱》卷二记载他有这类作品多种，又同书卷十中记王维也有十六罗汉图四十八幅。到了五代时这类绘画就更多起来，如南唐的陶守立（见《式古堂书画考》二）、王齐翰（见《宣和画谱》四、《清河书画舫》五、《秘殿珠林》九），前蜀的李升（见《宣和画谱》三）、张玄（见《宣和画谱》三、《清河书画舫》五），吴越的王道求（见《式古堂书画考》二），都有此类作品，而以前蜀贯休为最知名（见《清河书画舫》五、《妮古录》《式古堂书画考》十）；宋代孙知微（见《清河书画舫》六）、李公麟（见《珊瑚网》二三、《弇州四部稿》一三七、《式古堂书画考》二、《秘殿珠林》九、十、《书画鉴影》二、《宝绘录》十、《平津馆鉴藏书画记》《江村书画目》、《好古堂家藏书画记》上、《三秋阁书画录》二）、颜博文（见《式古堂书画考》二)、李时择(见《式古堂书画考》二)、梁楷(见《书画鉴影》三)、孙必达(见《秘殿珠林》九)。僧中如梵隆(见《珊瑚网》二三、《弇州四部稿》一三七、《式古堂书画考》二、《大观录》一四、《江村销夏录》一、《春霞阁题画绝句》)、月蓬(见《式古堂书画考》二)、海仑(见《秘殿珠林》九、十);元代赵孟頫(见《秘殿珠林补编》十)、钱选(见《盛京故宫书画录》三);明代吴伟(见《秘殿珠林》二集)、仇英(见《过云楼书画记》四、《江村销夏录》一、《盛京故宫书画录》三)、吴彬(见《石渠宝笈》三)、丁云鹏(见《石渠宝笈》二、三)等,都有名作见于历代的著录。

关于十六罗汉的雕刻方面,最早的有杭州烟霞洞吴越国吴延爽造十六罗汉,计右壁内部二尊、前部四尊、左壁十尊。此十六尊的雕刻技巧同一手法。阮元《两浙金石志》曾载有烟霞洞吴延爽造像功德记。吴延爽是吴越王钱元瓘妻吴夫人的兄弟。宋代曾在此洞补刻僧像一、布袋和尚像一,作法浅陋,远不及前十六尊。可见《咸淳临安志》所记:“原有石刻罗汉六尊,吴越王感梦而补刻十二尊,成为十八”之说,全出于附会。

从以上所述绘画和雕刻两方面来看,十六罗汉的尊崇是从五代时发展起来的,特别是在江南一带地区,并且由十六罗汉而演变成十八罗汉。

二　十八罗汉

由十六罗汉演变成为十八罗汉，主要是从绘画方面造成的。现在所知的最早的十八罗汉像，是前蜀简州金水张玄画的十八阿罗汉，宋苏轼得之于儋耳，题了十八首赞（见《东坡七集》后集二〇），但未标出罗汉名称。其次是贯休画的十八阿罗汉，苏轼自海南归，过清远峡宝林寺见之，为之作赞十八首，每首标出罗汉名称，于十六罗汉外第十七为庆友尊者，即《法住记》的作者，第十八为宾头卢尊者，即十六罗汉中宾度罗跋罗惰的重出（见《东坡七集》续集十）。清《秘殿珠林》也有贯休十八罗汉图卷，后有宋苏过、元赵孟頫、明宗彻三跋，也不题罗汉名字。宋绍兴四年（1134）江阴军乾明院五百罗汉碑于五百罗汉尊号前列十八罗汉尊号，也是第十七庆友尊者，第十八宾头卢尊者。

宋咸淳五年（1269）志磐撰《佛祖统纪》关于供罗汉（卷三十三）辟前说，认为庆友是造《法住记》的人，不应在住世之列，宾头卢为重复；应当是迦叶尊者和军屠钵叹尊者，即是《弥勒下生经》所说四大声闻中不在十六罗汉之内的二尊者。

若从烟霞洞宋人补刻一僧一布袋和尚来考察，布袋和尚就是五代时明州奉化县释契此，后人相传为弥勒菩萨化身，则另一僧像也应是汉地神僧。据《天台山全志》卷十载宋淳化中（990—994）天台山广严寺道荣习禅定，灵异颇多，人以罗汉目之。既入灭，人有见于寿昌（寺）五百应真位者。烟霞洞的僧像或者就是此人。

西藏所传的十八罗汉，是于十六罗汉之外加上法增居士和布袋和尚,这些传说也都是从汉地传去的。当西藏朗达玛王（唐武宗会昌元年，841）破坏佛教时，西藏六位大师来到西康，见到当地各寺普遍绘塑十六尊者像，特别是卢梅、种穹大师摹绘了圣像，迎到藏中耶尔巴地方，这就是著名的耶尔巴尊者像。后来陆续传入汉地各样传说而增加了二像。据说达磨多罗（法增）居士是甘肃贺兰山人（今阿拉善旗），因奉事十六尊者而得到感应，每日都见有无量光佛出现于云中（见第五世达赖著《供养十六罗汉仪轨》）。他的画像常是背负经箧,身傍伏有卧虎。但是至今在供养仪轨中还只是十六尊者。

《秘殿珠林续编》第四册有清庄豫德摹贯休补卢楞伽十八应真册，后有清高宗题颂，颂中说：第十七降龙罗汉是嘎沙鸦巴尊者（即迦叶尊者），第十八伏虎罗汉是纳答密答喇尊者（即弥勒尊者），由章嘉呼图克图考定。但降龙伏虎是后世传说。苏轼《应梦罗汉记》说，元丰四年岐亭庙中有一阿罗汉像，左龙右虎。可见北宋时降龙伏虎像不一定是分成两个罗汉的。

综合以上各说先后发展来看，十八罗汉传说的兴起，并没有什么经典的根据，只是由于画家们在十六罗汉之外加绘了两人而成为习惯，于是引起后人的种种推测和考定。最初的传说十八罗汉中第十七既是《法住记》作者庆友尊者，第十八便应是《法住记》译者玄奘法师。但是后人以未能推定为玄奘而推定为宾头卢，以至重复，结果造成众说不一，难以考定。由此，十八罗汉的传说因而普遍，自元朝以后各寺院的大殿中多雕塑十八罗汉像，十六罗汉的传说则不甚通行了。

历代画家绘的十八罗汉画像见于著录的，有后唐的左礼（见明都穆《铁网珊瑚》十三）、前蜀的贯休（见《秘殿珠林》九）、宋代的李公麟（见《秘殿珠林》三、《盛京故宫书画录》二、《古物陈列所书画目录》五）、瞿汝文（见《式古堂书画考》二）、贾师古（见《岳雪书画录》二）；僧海仑（见《秘殿珠林》）；元代的赵孟頫（见《秘殿珠林续篇》）、钱选（见《古物陈列所书画目录》五）、张渥（见《盛京故宫书画录》三）、方方壶（见《古芬阁书画记》）；明代的仇英（见《秘殿珠林》二十）、吴彬（见《石渠宝笈》三）、丁云鹏（见《梦园书画录》《秘殿珠林》十二、《盛京故宫书画录》三、《古物陈列所书画目录》五）、钱贡（都穆《十百斋书画录》二十二）、李麟（见《秘殿珠林二集》）、陈范（见《秘殿珠林》八)。

三　五百罗汉

由于十六罗汉住世护法的传说，引起汉地佛教徒对于罗汉的深厚崇敬，于是又有五百罗汉的传说。

五百罗汉的传说在佛经中是常见的，例如西晋竺法护译有《佛五百弟子自说本起经》。佛灭度后迦叶尊者与五百阿罗汉最初结集三藏。《舍利弗问经》中说，弗沙秘多罗王毁灭佛法后，

罗汉堂

有五百罗汉重兴圣教。诸如此类说法甚多。在中国汉地自东晋竺昙猷居住天台山时，古老相传云天台悬崖上有佳精舍是得道者所居。有石桥跨涧而横石断人。猷沽斋累日，度桥见精舍神僧，因共烧香中食。神僧谓猷曰：却后十年自当来此。于是而反（见《高僧传》十二）。后世遂有石桥寺五百应真之说。《天台山志》引五百应真居方广寺感应异记云："永嘉长史全亿，画半千罗汉形像。"到五代时，五百罗汉的尊崇特别兴盛。吴越王钱氏造五百铜罗汉于天台山方广寺。显德元年（954），道潜禅师得吴越钱忠懿王的允许，迁雷峰塔下的十六大士像于净慈寺，创建五百罗汉堂。宋太宗雍熙二年（985）造罗汉像五百十六身（十六罗汉与五百罗汉），奉安于天台山寿昌寺。宋仁宗供施石桥五百应真的敕书载《天台山志》。各地寺院也多建五百罗汉堂。宋苏轼集中有元符三年（1100）为祖堂和尚作的《广东东莞县资福寺五百罗汉阁记》（见《东坡七集》后集二〇）。

各地名山也有罗汉洞或竹林圣僧寺的传说。如河南嵩山就有五百罗汉洞。据宋崇宁元年（1102）释有挺撰《中岳寺五百大阿罗汉洞记》（又名修圣竹林寺碑，见于《八琼室金石补正》一〇八）中称：唐初蜀僧法藏始感得灵异，知山中竹林寺是圣僧所居。宋代院主崇敬，因选定此洞，造五百罗汉像。现存的五百罗汉堂有北京碧云寺、成都宝光寺、苏州西园寺、汉阳归元寺、昆明筇竹寺等处。

历代画家绘画五百罗汉图像，见于著录的有梁代的朱繇，见于宋中兴馆阁储藏。稍后有北宋的李公麟（见《清河书画舫》八、《法书名画见闻表》《式古堂书画考》三），南宋的刘松亭（见《秘殿珠林》十）、吴彬（见《石渠宝笈》三）。

至于天台山石桥寺五百罗汉的名号，据《宝刻丛编》十五载大和癸巳（933）大德崇义所撰的吴（宣州）龙兴寺崇福院五百罗汉碑注云：出《复斋碑录》。又《金石续编》十七有绍兴四年（1134）刻的江阴军乾明院罗汉尊号碑。这两碑现都不存。但是乾明院碑在明崇祯十六年，高承埏曾刻于泾县署中，其子高佑钇又重刻，被收入嘉兴藏第四十三函中。书中所举五百罗汉的名号毫无典据，想是宋人附会之谈而已。

漫谈汉族僧服

佛法传入中国近两千年，但是在汉族、藏族、傣族等民族间存在着不同的佛教系统，传流时间也有先后。因此各族的僧侣服装各不相同。特别是在汉族中由于地区太广，南与热带接壤，北与寒带相邻，而且流传时间也最久，以致汉族僧侣的服装在各时代中变迁很大，在形色上也最复杂，与印度原始的僧侣服制差别很大。

佛教僧侣的衣服，根据佛的制度，限于三衣或五衣。三衣是安陀会、郁多罗和僧伽黎。安陀会是五条布缝成的衷衣，郁多罗是七条布缝成的上衣，僧伽黎是九条乃至二十五条布缝成的大衣。五衣是于三衣之外加上僧祇支和涅槃僧。僧祇支是覆肩衣，作为三衣的内衬。涅槃僧是裙子。《大唐西域记》卷二云："沙门法服唯有三衣及僧却崎、泥缚些那。三衣裁制部执不同，或缘有宽狭，或叶有大小。僧却崎覆左肩，掩两腋，左开右合，长裁过腰。泥缚些那既无带袢，其将服也集衣为褶，束带以绦。则诸部各异，色亦黄赤不同。”这些衣的主要规定，特别是三衣，有两点：第一，颜色不许用上色或纯色；第二，所有新衣必须有一处点上另一种颜色，以破坏衣色的整齐而免除贪着，这叫作“坏色”或“点净”。关于颜色的规定，在《毗尼母经》卷八中说：“诸比丘衣色脱，佛听用十种色。十种色者：一、泥，二、陀婆树皮，三、婆陀树皮，四、非草，五、乾陀，六、胡桃根，七、阿摩勒叶，八、佉陀树皮，九、施设婆树皮，十、种种杂和用染。如是等所应染者此十种色。是衣三点作净法，一用泥，二用青，三用不均色。用此三种三点净衣。”又《萨婆多毗尼毗婆沙》卷八中说，衣不得用黄赤青黑白五大色。又有纯色。如黄蓝、郁金、落沙、青黛及一切青者不得着用。绀黑青作衣也不许用。只可用皂、木兰作衣。非纯青、浅青及碧，许作衣里。赤黄白色不纯大的，也许作衣里用。紫草、榛皮、蘖皮、地黄、红绯、黄栌木都是不如法色。《十诵律》卷十五中说，比丘得新衣，如青衣、泥衣、茜衣、黄衣、赤衣、白衣者，应以青、泥、茜三种色随一坏是衣色。《五分律》卷二十中说：“不听着纯青黄赤白色衣。”并且说黑色衣是产母所着，犯者波逸提。其余四色犯者突吉罗。又《摩诃僧祇律》卷二十八中说：“比丘不听着上色衣，上色者，丘佉染、迦弥遮染、俱毗罗染、勒叉染、卢陀罗染、真绯、郁金染、红蓝染、青染、皂色、华色、一切上色不听。应用根染、叶染、华染、树皮染、下至巨磨汁染。”

虽然在律中禁止用上色、纯色的衣服，而染衣也有多种不同的颜色可用，但是在习惯上是用赤色。例如释迦如来的衣色，在《三国志·魏书》卷三十裴松注中引《西戎传》说：“浮屠，太子也。父曰屑头邪，母云莫邪，浮屠身服色黄。”但这是汉地人的记载，不必确实。《大唐西域记》卷二中说：“那揭罗曷国有释迦如来的僧伽胝袈裟，是细毡所作，色黄赤。”又《根本说一切有部毗奈耶杂事》卷二九中说：佛的姨母大世主与五百释女，在劫比罗城多根树园，听佛说法，三请出家而佛不许。佛从劫比罗城去往贩苇聚落的时候，大世主与五百释女便自剃头发，着赤色僧伽胝衣，追随佛后，一直到相思林中因阿难的恳求，才得到佛的许允而出家。又《大唐西域记》卷一中说：梵衍那国有阿难弟子商诺迦缚娑的九条僧伽胝衣是绛赤色。又《善见律毗婆沙》卷二中说，阿育王时大德末阐提到罽宾犍陀罗吒国教化，在雪山边阿罗婆楼池水上行，身着赤衣。由这一些事实来看，在这一二百年中僧衣习惯是用赤色的。而且三衣总称为袈裟，袈裟是赤色的名称。用赤色的名称作为衣服的总号，这就说明在习惯上三衣总是赤色的。如《四分律》卷三十九衣犍度初云：“如是十种衣应染作袈裟色持。”《一切经音义》卷五十九云："加沙字本从毛作𣰦毠二形。葛洪作《字苑》，始改从衣。按外国通称袈裟，此云不正色。……真谛三藏云：'袈裟此云赤血色衣。'"

后来印度的佛教，当佛灭后二百年至五百年之间，在教理上分为二十部，在戒律上分为五部。于是三衣颜色各有不同的规定，以标帜自己的宗派。如后汉安世高译《大比丘三千威仪》卷下述袈裟颜色时说："萨和多部者，博通敏智，导利法化，应着绛袈裟。昙无德部者，奉执重戒，断当法律，应着皂袈裟。迦叶维部者，精进勇决，弥护众生，应着木兰袈裟。弥沙塞部者，禅思入微，究畅玄幽，应着青袈裟。摩诃僧祇部者，勤学众经，敷演义理，应着黄袈裟。"《舍利弗问经》中叙五部律众的衣服与《大比丘三千威仪》所说大致相同，只是将萨和多部和昙无德部的衣色互易，说萨婆多部应着皂色，昙无屈多迦部应着赤色。虽然五部的衣色不同，而原来的赤色袈裟，却在五部中还通用。《一切经音义》卷五十九中引真谛三藏说云："外国虽有五部不同并皆赤色。言青黑木兰者，但点之异耳。"从现在东南亚各国都用黄衣来看，正是摩诃僧祇部的流传，从原来点净的规定而发展成为衣色的规定的。

佛教传入中国以后，僧侣还是披赤衣的。《弘明集》载汉末牟融的《理惑论》说："今沙门被赤布，日一食，闭六情，自毕于世。”直到现在近两千年，沙门的袈裟还是以赤色为主。但是汉地天气寒冷，仅仅三衣是不可能御寒的。因此根据佛制许蓄百一长物的规定，于三衣之外须有其他衣服。不但汉人不习惯仅着三衣，即是西来的大德高僧，在汉地居住数年以至数十年，或尽寿于此，也必须添着其他衣服。这些衣服究竟是什么形式，什么颜色呢？

佛法虽从后汉时传入中国，但是那时出家的人不多。到了东晋和石赵的时候才发达起来。而那时僧徒便有了“缁衣”或“缁流”的称号。有人以为缁衣是根据袈裟的颜色而起的。如慧琳《一切经音义》卷五十九中说：“诸木中，若皮、若叶、若花等不成五味，杂以为食者则名迦沙……天竺比丘多用此色。或言缁衣者，当是初译之时见其色浊，因以名也。”宋赞宁《大宋僧史略》卷上引《考工记》云：“问：缁衣者色何状貌？答：紫而浅黑，非正色也。《考工记》中三入为纁，五人为緅，七人为缁。以再染黑为緅，緅是雀头色。又再染乃成缁矣。知缁本出緅，爵头紫赤色也。”又引《比丘尼传》卷四《净秀尼传》所记云，见二梵僧所着袈裟，色如熟桑椹。秀即以泥染衣色令如所见。以为缁“乃浅赤深黑色”，这种说法是不恰当的。诚然“纁”是浅绛色，绛是青赤色，但这是染羽毛的次序，由绛而逐渐加深，乃至最后成为缁，已经是黑色之中微有赤意，如现在所谓“红青”

色，决不是紫而浅黑。而缁色与披赤衣的说法显然相违，绝不能是袈裟的颜色。至于净秀尼是梁时人，她初次改着熟桑椹色的衣，可见以前是不如此的。而黑色的缁衣却早已风行，如刘宋时孔凯称慧琳为黑衣宰相（见于通鉴），齐初荆州竹林寺僧慧与玄畅，被称为黑衣二杰（见《高僧传·僧慧传》），缁衣久已成为沙门的专称了。缁衣和白衣是僧俗的对称。但是平民服尚白色是三国时的事。《汉书·成帝纪》："承始四年诏：青绿，民所常服，且勿止。"《汉书·龚胜传》师古注云："白衣给官府趋走贱人，若今诸司亭长掌固之属。"此庶民不衣白的明证。而《吴志·吕蒙传》云："使白衣摇橹作商贾人服。"《魏志·管宁传》云："宁在辽东，所有白布单衣亲荐馔馈。"可见汉时平民习尚青绿，到了三国时，由于天下历年荒乱，人民更加困苦，所以穿白衣成为习尚。正在这时期，僧侣增多，衣服尚缁，才造成"缁素"的说法。所以汉地僧侣的服装可以分为两类：一类是常服，就是为了御寒起见，就汉地原有的服装规定了颜色，稍微改变其式样而成为固定的僧服，如缁衣之类，这是僧人日常穿着的。一类是法服，就是三衣之类，只在法会佛事期间穿着的。

僧侣的常服在最初的时候是与俗人一样的，只是在颜色上有所分别，所以沙门有"缁衣"之称。《续高僧传》卷十《法上传》云："自（法）上未任已前，仪服通混。一知纲统，制样别行，使夫道俗两异，上有功焉。”可见到东魏末年，法上任昭玄统已后，僧侣的常服才在式样上有了特殊的规定。在此以前何以选用缁色，虽难考定，大约是从道士的服色来的。魏郦道元《水经注》卷六浍水注云：“地有固活、女疏、铜芸、紫范之族也。是以缁服思玄之士，鹿裘念一之夫，代往游焉。”称道家采药之辈为“缁服思玄之士”，可见缁色是中国古代宗教服色，因而沙门在常服上也选用此色。释道之分只在用冠、用巾之不同，结果黄冠成为道士之专称，缁衣成为沙门的别号。其后僧俗众多，缁衣者众，道士不得不改变他们的服色，而缁服便成为僧侣的专门服色了。《北史》卷五十一《上党刚肃王焕传》云：“初术氏言：亡高者黑衣，由是自神武后每出门不欲见桑门，为黑衣故也。”忌见沙门而不忌见道士，可见当时道士已经不是缁服了。周武帝更因此谶语，禁沙门服缁，令改服黄色（见《僧史略》）。从此以后，僧侣常服的颜色便多样起来了。但是在此以前沙门也不完全服缁。《法苑珠林》卷三十五云：“见一沙门著桃叶布裙，单黄小被。”是记刘宋泰始年间事，此其证也。经过隋末的丧乱，僧侣服装又与俗服混同起来。《续高僧传》十《慧休传》云：“荒乱之后，法律不行，并用铜盂，身御俗服，同诸流俗。”当时慧休曾重定了钵盂的制度，而传中未曾说他重定衣服之制度，可能是恢复了法上的原则。

唐义净《南海寄归传》卷二《衣食所须章》云："且如神州祇支偏袒，覆膊方裙；禅袴袍襦，咸乖本制。"又云："考其偏袒正背，元是踵斯（玄播）而作，剩加右畔，失本威仪。"又云："自余袍裤裈衫之类，咸悉决须遮断。严寒既谢，即是不合擐身，而复更着偏衫，实非开限。"又《尼衣丧制章》云："东夏诸尼衣皆涉俗,所有着用并皆乖仪。"又云:"祇支偏袒衫袴之流，大圣亲遮。"从这些文句可看出唐时僧尼着用俗服，如禅袍襦衫裈袴等类。此外还有特制的如偏袒（又名偏衫）和方裙二物。当时僧侣的常服是相当杂的。

宋赞宁《僧史略》卷上云："今江表多服黑色赤色衣，时有青黄间色，号为黄褐、石莲褐也。东京关辅尚褐色衣，并部幽州则尚黑色。"又云："昔唐末豫章有观音禅师见南方禅客多搭白衲,常以瓿器盛染色劝令染之。今天下皆谓黄衲为观音衲也。"在这段文中并未分出法服和常服，但是根据现在的习惯，往往随着常服的颜色而改变法服的颜色。《僧史略》中说的可能是包括了法服和常服的颜色。中国文化的发展，在北方偏于保守，所以在唐末宋初时并部幽州还保持缁衣之旧而尚黑色。直到现在也是北方僧侣服黑色的比较多。

到了明代洪武初年,制定了僧侣的服色。明《礼部志稿》云："洪武十四年令凡僧道服色，禅僧茶褐常服、青绦、玉色袈裟。

讲僧玉色常服、绿绦、浅红色袈裟。教僧皂常服、黑绦、浅红袈裟。”又云栖的《竹窗二笔》中说:“衣则禅者褐色,讲者蓝色,律者黑色。”《山堂肆考》云:“今制禅僧衣褐,讲僧衣红,瑜伽僧衣葱白。瑜伽僧,今应赴僧也。”可见明末时僧侣衣制逐渐变更。现在南京宝华山是律宗的祖庭,每当传戒时住持仍着黑常服、红袈裟,而求戒者着黄常服、黑袈裟,此犹是明代的旧制。现在僧侣的常服大多是褐、黄、黑、灰四色。在北方有黄绿色,称为湘色的。在此五色中又各任意深浅不一,没有一定的规制。

僧侣常服的式样既自魏末法上规定以后,究竟是什么式样呢?那些亵衣、衷袄等未必有所规定,仍是随着时代与俗人的衣服一样。只是外面的衫袍,为了观瞻起见,才有一定的特式。这应当是一般所说的“方袍”,因为这“方袍”的名称到唐时才普遍起来的。白居易诗云:“白衣一居士,方袍四道人。”许浑诗云:“云斋曾宿借方袍。”南唐刘崇远《金华子》中说:“李公赞皇镇浙左……南朝众寺,方袍且多,其中必有妙通易道者。”《僧宝传》中说:“泉州龟洋慧中禅师属唐武宗废教,例为白衣,作偈云:多年鹿车漫腾腾,虽着方袍未是僧。今日修行衣善慧,满头白发待燃灯。”至于方袍的式样可以从这名字上推测出来。

汉魏的俗服是常常变更的。《抱朴子自叙》云:“俗之服用,俄而屡改,或忽广领而大带,或忽身促而修袖,或长裙曳地,或短衣蔽脚。”而方袍既非修袖，又不曳地。俗衣袖虽或长而宽有定限。《仪礼》裘服云：“袪尺二寸。”《说文》袂字上同。而方袍的袖是比较宽的。更特别是“方”一定对“曲”言的，《汉书·江充传》：“充衣纱縠，禅衣曲裾。”《何并传》师古注云：“襜褕，曲裾禅衣也。”可见俗服是曲裾而僧服是方裾，俗服袖窄则较圆，僧服袖宽则成方。这应当是方袍名称之由来。

僧衣的另一名称是“衲衣”，衲是补缀的意思。因为袈裟是由多数碎布补缀而成，所以译作衲衣。《长阿含经》云：“尊者迦叶着衲衣来诣佛所。”《大智度论》云：“五比丘问佛：当着何衣？佛言：应披衲衣。”这都是指袈裟而言。但是后来僧侣的常服，也常是破旧而经过补缀的，于是成为僧服的通用名称。《法苑珠林》云：“僧崖奴牟氏灭后，郫县人于郫江边空中见有油络，荦崖在其上，身服斑衲、黄偏衫、紫被，捉锡杖。”衲又借作纳。梁简文帝有谢赐郁泥细纳袈裟、郁泥纳袈裟、郁泥真纳九条袈裟表三首。《金陵杂志》云：“隋炀衬戒师圣种纳袈裟一缘，黄纹舍勒一腰，郁泥南丝布袈裟一缘，鸦纳袈裟一领，丝布祇支一领。”《续高僧传》卷二十一《慧思传》云：“寒则艾纳用犯风霜。”《酉阳杂俎续集》征释门衣事云：“五纳三衣。”就是衲、纳都通指法服常服的明证。

方袍的另一名称是“海青”。明郑明选著《秕言》卷一云：“吴中方言称衣之广袖者谓之海青。按太白诗云：‘翩翩舞广袖，似鸟海东来’，盖东海有俊鹘名海东青。自言翩翩广袖之舞如海东青也。”

僧侣既有法服、常服之分，而古代在法会上僧侣还是遵守佛制，偏袒右肩，如同现在藏蒙族的情况。《释氏要览》卷上引竺道祖《魏录》云：“魏官人见僧袒一肘，不以为善，乃作偏袒缝于僧祇支上，相从因名偏衫。”后来因为右袒究竟不合乎汉地的习惯而被废除了。

至于汉地僧侣法服的颜色，由于常服颜色的复杂，也发生紊乱的情形。自从唐武后依唐代三品以上服紫的规定，赐给沙门法朗等九人紫袈裟（见《唐书》），在唐宋时代一直都以赐紫衣为沙门的荣誉，因而引起忽视戒律的规定，随意选用袈裟的颜色，特别是随着常服的颜色而任意改变。如常服有缁、黄、褐等色，袈裟也有着许多颜色。《酉阳杂俎续集》卷六征释门衣事云：“其形如稻，其色如莲。”又云：“赤麻白豆，若青若黑。”可见汉地袈裟的多样颜色久已如此了。另一面执着于“赤色”而以朱红袈裟为最尊重。殊不知朱红及黑色都是戒律中所不许的纯色、上色，而古代所谓披赤衣，乃是红而兼黑或红而兼黄，如前所记释迦如来的僧祇支是也。

国家新闻出版广电总局
首届向全国推荐中华优秀传统文化普及图书

大家小书书目

国学救亡讲演录	章太炎 著　蒙 木 编
门外文谈	鲁 迅 著
经典常谈	朱自清 著
语言与文化	罗常培 著
习坎庸言校正	罗 庸 著　杜志勇 校注
鸭池十讲（增订本）	罗 庸 著　杜志勇 编订
古代汉语常识	王 力 著
国学概论新编	谭正璧 编著
文言尺牍入门	谭正璧 著
日用交谊尺牍	谭正璧 著
敦煌学概论	姜亮夫 著
训诂简论	陆宗达 著
金石丛话	施蛰存 著
常识	周有光 著　叶 芳 编
文言津逮	张中行 著
经学常谈	屈守元 著
国学讲演录	程应镠 著
英语学习	李赋宁 著
中国字典史略	刘叶秋 著
语文修养	刘叶秋 著
笔祸史谈丛	黄 裳 著
古典目录学浅说	来新夏 著
闲谈写对联	白化文 著
汉字知识	郭锡良 著
怎样使用标点符号（增订本）	苏培成 著
汉字构型学讲座	王 宁 著

诗境浅说	俞陛云　著
唐五代词境浅说	俞陛云　著
北宋词境浅说	俞陛云　著
南宋词境浅说	俞陛云　著
人间词话新注	王国维　著　滕咸惠　校注
苏辛词说	顾　随　著　陈　均　校
诗论	朱光潜　著
唐五代两宋词史稿	郑振铎　著
唐诗杂论	闻一多　著
诗词格律概要	王　力　著
唐宋词欣赏	夏承焘　著
槐屋古诗说	俞平伯　著
词学十讲	龙榆生　著
词曲概论	龙榆生　著
唐宋词格律	龙榆生　著
楚辞讲录	姜亮夫　著
读词偶记	詹安泰　著
中国古典诗歌讲稿	浦江清　著 浦汉明　彭书麟　整理
唐人绝句启蒙	李霁野　著
唐宋词启蒙	李霁野　著
唐诗研究	胡云翼　著
风诗心赏	萧涤非　著　萧光乾　萧海川　编
人民诗人杜甫	萧涤非　著　萧光乾　萧海川　编
唐宋词概说	吴世昌　著
宋词赏析	沈祖棻　著
唐人七绝诗浅释	沈祖棻　著
道教徒的诗人李白及其痛苦	李长之　著
英美现代诗谈	王佐良　著　董伯韬　编
闲坐说诗经	金性尧　著
陶渊明批评	萧望卿　著

古典诗文述略	吴小如　著
诗的魅力 ——郑敏谈外国诗歌	郑　敏　著
新诗与传统	郑　敏　著
一诗一世界	邵燕祥　著
舒芜说诗	舒　芜　著
名篇词例选说	叶嘉莹　著
汉魏六朝诗简说	王运熙　著　董伯韬　编
唐诗纵横谈	周勋初　著
楚辞讲座	汤炳正　著 汤序波　汤文瑞　整理
好诗不厌百回读	袁行霈　著
山水有清音 ——古代山水田园诗鉴要	葛晓音　著
红楼梦考证	胡　适　著
《水浒传》考证	胡　适　著
《水浒传》与中国社会	萨孟武　著
《西游记》与中国古代政治	萨孟武　著
《红楼梦》与中国旧家庭	萨孟武　著
《金瓶梅》人物	孟　超　著　张光宇　绘
水泊梁山英雄谱	孟　超　著　张光宇　绘
水浒五论	聂绀弩　著
《三国演义》试论	董每戡　著
《红楼梦》的艺术生命	吴组缃　著　刘勇强　编
《红楼梦》探源	吴世昌　著
《西游记》漫话	林　庚　著
史诗《红楼梦》	何其芳　著 王叔晖　图　蒙　木　编
细说红楼	周绍良　著
红楼小讲	周汝昌　著　周伦玲　整理

曹雪芹的故事	周汝昌　著　周伦玲　整理
古典小说漫稿	吴小如　著
三生石上旧精魂 ——中国古代小说与宗教	白化文　著
《金瓶梅》十二讲	宁宗一　著
中国古典小说十五讲	宁宗一　著
古体小说论要	程毅中　著
近体小说论要	程毅中　著
《聊斋志异》面面观	马振方　著
《儒林外史》简说	何满子　著

我的杂学	周作人　著　张丽华　编
写作常谈	叶圣陶　著
中国骈文概论	瞿兑之　著
谈修养	朱光潜　著
给青年的十二封信	朱光潜　著
论雅俗共赏	朱自清　著
文学概论讲义	老　舍　著
中国文学史导论	罗　庸　著　杜志勇　辑校
给少男少女	李霁野　著
古典文学略述	王季思　著　王兆凯　编
古典戏曲略说	王季思　著　王兆凯　编
鲁迅批判	李长之　著
唐代进士行卷与文学	程千帆　著
说八股	启　功　张中行　金克木　著
译余偶拾	杨宪益　著
文学漫识	杨宪益　著
三国谈心录	金性尧　著
夜阑话韩柳	金性尧　著
漫谈西方文学	李赋宁　著
历代笔记概述	刘叶秋　著

周作人概观	舒　芜　著
古代文学入门	王运熙　著　董伯韬　编
有琴一张	资中筠　著
中国文化与世界文化	乐黛云　著
新文学小讲	严家炎　著
回归，还是出发	高尔泰　著
文学的阅读	洪子诚　著
中国文学1949—1989	洪子诚　著
鲁迅作品细读	钱理群　著
中国戏曲	么书仪　著
元曲十题	么书仪　著
唐宋八大家——古代散文的典范	葛晓音　选译

辛亥革命亲历记	吴玉章　著
中国历史讲话	熊十力　著
中国史学入门	顾颉刚　著　何启君　整理
秦汉的方士与儒生	顾颉刚　著
三国史话	吕思勉　著
史学要论	李大钊　著
中国近代史	蒋廷黻　著
民族与古代中国史	傅斯年　著
五谷史话	万国鼎　著　徐定懿　编
民族文话	郑振铎　著
史料与史学	翦伯赞　著
秦汉史九讲	翦伯赞　著
唐代社会概略	黄现璠　著
清史简述	郑天挺　著
两汉社会生活概述	谢国桢　著
中国文化与中国的兵	雷海宗　著
元史讲座	韩儒林　著

魏晋南北朝史稿	贺昌群 著
汉唐精神	贺昌群 著
海上丝路与文化交流	常任侠 著
中国史纲	张荫麟 著
两宋史纲	张荫麟 著
北宋政治改革家王安石	邓广铭 著
从紫禁城到故宫 ——营建、艺术、史事	单士元 著
春秋史	童书业 著
明史简述	吴 晗 著
朱元璋传	吴 晗 著
明朝开国史	吴 晗 著
旧史新谈	吴 晗 著 习 之 编
史学遗产六讲	白寿彝 著
先秦思想讲话	杨向奎 著
司马迁之人格与风格	李长之 著
历史人物	郭沫若 著
屈原研究（增订本）	郭沫若 著
考古寻根记	苏秉琦 著
舆地勾稽六十年	谭其骧 著
魏晋南北朝隋唐史	唐长孺 著
秦汉史略	何兹全 著
魏晋南北朝史略	何兹全 著
司马迁	季镇淮 著
唐王朝的崛起与兴盛	汪 篯 著
南北朝史话	程应镠 著
二千年间	胡 绳 著
论三国人物	方诗铭 著
辽代史话	陈 述 著
考古发现与中西文化交流	宿 白 著
清史三百年	戴 逸 著

清史寻踪	戴　逸　著
走出中国近代史	章开沅　著
中国古代政治文明讲略	张传玺　著
艺术、神话与祭祀	张光直　著 刘　静　乌鲁木加甫　译
中国古代衣食住行	许嘉璐　著
辽夏金元小史	邱树森　著
中国古代史学十讲	瞿林东　著
历代官制概述	瞿宣颖　著
宾虹论画	黄宾虹　著
中国绘画史	陈师曾　著
和青年朋友谈书法	沈尹默　著
中国画法研究	吕凤子　著
桥梁史话	茅以升　著
中国戏剧史讲座	周贻白　著
中国戏剧简史	董每戡　著
西洋戏剧简史	董每戡　著
俞平伯说昆曲	俞平伯　著　陈　均　编
新建筑与流派	童　寯　著
论园	童　寯　著
拙匠随笔	梁思成　著　林　洙　编
中国建筑艺术	梁思成　著　林　洙　编
沈从文讲文物	沈从文　著　王　风　编
中国画的艺术	徐悲鸿　著　马小起　编
中国绘画史纲	傅抱石　著
龙坡谈艺	台静农　著
中国舞蹈史话	常任侠　著
中国美术史谈	常任侠　著
说书与戏曲	金受申　著
世界美术名作二十讲	傅　雷　著

中国画论体系及其批评	李长之　著
金石书画漫谈	启　功　著　赵仁珪　编
吞山怀谷——中国山水园林艺术	汪菊渊　著
故宫探微	朱家溍　著
中国古代音乐与舞蹈	阴法鲁　著　刘玉才　编
梓翁说园	陈从周　著
旧戏新谈	黄　裳　著
民间年画十讲	王树村　著　姜彦文　编
民间美术与民俗	王树村　著　姜彦文　编
长城史话	罗哲文　著
天工人巧——中国古园林六讲	罗哲文　著
现代建筑奠基人	罗小未　著
世界桥梁趣谈	唐寰澄　著
如何欣赏一座桥	唐寰澄　著
桥梁的故事	唐寰澄　著
园林的意境	周维权　著
万方安和——皇家园林的故事	周维权　著
乡土漫谈	陈志华　著
现代建筑的故事	吴焕加　著
中国古代建筑概说	傅熹年　著
简易哲学纲要	蔡元培　著
大学教育	蔡元培　著 北大元培学院　编
老子、孔子、墨子及其学派	梁启超　著
春秋战国思想史话	嵇文甫　著
晚明思想史论	嵇文甫　著
新人生论	冯友兰　著

中国哲学与未来世界哲学	冯友兰　著
谈美	朱光潜　著
谈美书简	朱光潜　著
中国古代心理学思想	潘　菽　著
新人生观	罗家伦　著
佛教基本知识	周叔迦　著
儒学述要	罗　庸　著　杜志勇　辑校
老子其人其书及其学派	詹剑峰　著
周易简要	李镜池　著　李铭建　编
希腊漫话	罗念生　著
佛教常识答问	赵朴初　著
维也纳学派哲学	洪　谦　著
大一统与儒家思想	杨向奎　著
孔子的故事	李长之　著
西洋哲学史	李长之　著
哲学讲话	艾思奇　著
中国文化六讲	何兹全　著
墨子与墨家	任继愈　著
中华慧命续千年	萧萐父　著
儒学十讲	汤一介　著
汉化佛教与佛寺	白化文　著
传统文化六讲	金开诚　著　金舒年　徐令缘　编
美是自由的象征	高尔泰　著
艺术的觉醒	高尔泰　著
中华文化片论	冯天瑜　著
儒者的智慧	郭齐勇　著

中国政治思想史	吕思勉　著
市政制度	张慰慈　著
政治学大纲	张慰慈　著
民俗与迷信	江绍原　著　陈泳超　整理

政治的学问	钱端升　著　钱元强　编
从古典经济学派到马克思	陈岱孙　著
乡土中国	费孝通　著
社会调查自白	费孝通　著
怎样做好律师	张思之　著　孙国栋　编
中西之交	陈乐民　著
律师与法治	江　平　著　孙国栋　编
中华法文化史镜鉴	张晋藩　著
新闻艺术（增订本）	徐铸成　著
经济学常识	吴敬琏　著　马国川　编
中国化学史稿	张子高　编著
中国机械工程发明史	刘仙洲　著
天道与人文	竺可桢　著　施爱东　编
中国医学史略	范行准　著
优选法与统筹法平话	华罗庚　著
数学知识竞赛五讲	华罗庚　著
中国历史上的科学发明（插图本）	钱伟长　著

出版说明

“大家小书”多是一代大家的经典著作，在还属于手抄的著述年代里，每个字都是经过作者精琢细磨之后所拣选的。为尊重作者写作习惯和遣词风格、尊重语言文字自身发展流变的规律，为读者提供一个可靠的版本，“大家小书”对于已经经典化的作品不进行现代汉语的规范化处理。

提请读者特别注意。

北京出版社